Theiss · Die neue Freundschaft

Mechtild Theiss

Die neue Freundschaft

Eine Geschichte zur Erstkommunion

Matthias-Grünewald-Verlag · Mainz

Zeichnungen: Pia Eisenbarth

„Die Legende vom 4. König“ habe ich frei nacherzählt nach Edzard Schaper:
„Der vierte König“, Verlag Hegner Köln, 1963.

4. Auflage 1995

Umschlag: Pia Eisenbarth
Satz: Georg Aug. Walter's Druckerei GmbH, 65343 Eltville am Rhein
Druck und Bindung: Präzis-Druck GmbH, Karlsruhe

ISBN 3-7867-1280-8

Inhalt

18

Wer sind die Kinder aus der Schäferstraße? Das erfahrt ihr im 1. Kapitel

Niko, Stefan, Anne und Katrin hatten den weitesten Schulweg. Die Schäferstraße, in der sie alle wohnten, lag am Rande der Stadt. Das letzte Stück des Heimwegs nach der Schule gingen sie immer miteinander.

Als erster verabschiedete sich Niko. Er wohnte in Nr. 18, einem Mehrfamilienhaus, oben im vierten Stock. Niko schloß die Haustür auf und stieg langsam die Treppen hinauf. Er war meistens allein, denn seine Mutter arbeitete den ganzen Tag, seit der Vater sie verlassen hatte.

Zwei Häuser weiter wohnte Katrin. Ihre Eltern brachten sie jeden Morgen hierher zu ihrer Großmutter und holten sie erst am Abend wieder ab. Die Oma stand schon am Fenster und wartete auf Katrin. „Ach Kind", jammerte sie, „wie hast du dir wieder die Schuhe schmutzig gemacht!" Sie öffnete Katrin die Tür. „Mäuschen, du bist ja ganz blaß! Du wirst mir doch nicht krank werden!" Katrin schaute sich noch einmal nach ihren Freunden um. „Tschüs bis heute nachmittag", rief Anne ihr nach.

„Schätzchen, hast du auch dein Vesperbrot gegessen? Liebling, paß auf, daß du keine nassen Füße bekommst!" äffte Stefan die Oma mit verstellter Stimme nach. „Ich würde platzen, wenn ich das von früh bis spät hören müßte", lachte Anne.

Bald stand sie vor ihrem Haus, das in einem hübschen Garten lag. Die Zwillinge Paul und Ina rannten ihr stolpernd entgegen. Sie waren zwei Jahre alt und begannen gerade zu sprechen. Weil sie immer zusammen waren, nannte man sie Paul-Ina. Paul packte Annes Ranzen und wollte ihn unbedingt aufsetzen. Aber der Ranzen war viel zu schwer, und Paul plumpste ins Gras. Ina wollte den Ranzen nun auch haben und sofort begann ein Geschrei und Gezeter. „Aufhören, Paul-Ina“, rief Anne, setzte sich den Ranzen selbst wieder auf, faßte die beiden bei den Händen und ging mit ihnen ins Haus. „Gut, daß du da bist“, sagte die Mutter. „Ich muß noch rasch zur Sparkasse, paß mir doch bitte auf die Kleinen auf. Es geht viel schneller, wenn ich sie nicht mitnehmen muß.“

Wenn Anne nach Hause kam, gab es immer so viel Wirbel und Arbeit mit den Zwillingen, daß sie die Schule und alles, was sie den Vormittag über beschäftigt hatte, zunächst ganz vergaß.

Stefan wohnte im allerletzten Haus der Schäferstraße. Dort hörte die Straße auf, und es führte nur noch ein schmaler Feldweg durch die Wiesen zum nächsten Dorf, dessen Kirchturm man in der Ferne sah. Stefan hatte eine große Schwester, die schon Auto fuhr, eine Lehre machte und selten zu Hause war. Gelegentlich spielte sie mit ihm Karten, aber im allgemeinen hatte sie keine Zeit für ihn. Wenn Stefan mit seinen Eltern spazieren ging, dachten manche, es seien seine Großeltern. Sein Vater hatte ganz graue Haare, und seine Mutter war recht rundlich und mußte laut schnaufen, wenn sie eine Treppe oder einen Berg hinaufstieg. Die Eltern erlaubten Stefan ziemlich alles und erfüllten ihm fast jeden Wunsch.

Stefan warf seinen Ranzen in die Ecke. „Heute haben wir keine Hausaufgaben.“ – „Wirklich?“ fragte die Mutter ungläubig. „Das heißt, wir sollen für die Sachkunde die Stadt erkunden, alte Häuser und so ansehen.“ Die Mutter ging zum Bücherschrank und zog ein Büchlein heraus. „Hier steht etwas über die Stadtkirche und das Schloß“, meinte sie. „Ach laß nur, der Niko überlegt sich, was wir ansehen. Um zwei Uhr treffen wir uns." Stefan griff nach einem Comic-Heft, legte sich auf den Teppich und wollte nicht mehr gestört werden.

Als Niko nach Hause gekommen war, schaltete er die Kochplatte unter dem Eintopf ein, trank ein Glas Saft und schaute in den Kühlschrank. Fein, da stand noch ein Stück Torte für ihn! Wenn Mutter ihm nichts Besonderes vorkochen konnte, stellte sie ihm meistens noch eine Überraschung in den Kühlschrank. Niko biß in die Torte. Sie war gut, aber noch recht kalt. Er aß lieber zuerst den Eintopf. Mutter wollte zwar, daß er sich das Essen auf einen Teller schöpfte und am Tisch aß, aber das war ihm zu umständlich. Dann mußte er ja auch viel mehr spülen. So rührte er ein paarmal im Topf herum und aß dann im Stehen. Das ging alles sehr schnell. Als er die Küche aufgeräumt hatte, lief er die Treppen hinunter zum Briefkasten. Er war immer ein wenig aufgeregt, wenn er die Post durchsah. Vielleicht war ein Brief von Papa an ihn dabei. Einmal mußte er ihm doch schreiben! Aber auch heute waren es nur Drucksachen.

Niko schaute auf die Uhr. Erst halb eins! Da konnte er ja überlegen, was sie heute nachmittag besichtigen wollten. Frau Schreiber, ihre Lehrerin, hatte in Sachkunde zu ihnen gesagt, sie sollten einen Gang durch die Stadt machen und erkunden, was es da alles an alten Gebäuden zu sehen gebe. Nachher wollten sie darüber sprechen und die wichtigsten Bauten gemeinsam ansehen. Niko hatte Sachkunde sehr gern. Während der letzten Stunden hatte Frau Schreiber ihnen viel vom Leben in der alten Stadt mit ihren engen Straßen und schmalen Häusern erzählt, vom Bau der Stadtkirche, der Arbeit der Handwerker, von Feuersnöten und Markttagen. Sie hatten ein Modell ihrer Stadt betrachtet, das die alten Stadttürme und Mauern, die engen Gassen, Fachwerkhäuser und Kirchen zeigte. „Vieles davon gibt es heute nicht mehr", hatte Frau Schreiber gesagt, „die Stadtmauern sind abgebrochen, die Straßen erweitert, aber manches werdet ihr noch entdecken, wenn ihr mit offenen Augen durch die Stadt geht." Ja, und das sollten sie nun heute nachmittag tun.

Niko breitete den Stadtplan auf dem Tisch aus und legte sich einen Rundgang durch die Stadt zurecht. Aber plötzlich blieb sein Blick an einem Fähnchen hängen, das auf der Karte eine Burg oder Ruine markierte. „Schneckenturm" stand kleingedruckt darunter. Dieser Turm lag ein Stück außerhalb der Stadt. Nach dem Stadtplan befand er sich nahe bei einem kleinen Bach. „Schneckenbach", entzifferte Niko seinen Namen. Gleich daneben war Apfeldorf, dessen Kirchturm man von Stefans Gartenzaun aus gut sah. Niko fuhr mit dem Finger die Schäferstraße entlang. „Wir gehen einfach den Feldweg hinter Stefans Haus weiter, biegen zweimal links ab, dann müßten wir zum Turm kommen." Es war ihm ganz klar, daß er mit seinen Freunden den Schneckenturm erkunden wollte. Er konnte sich noch nichts darunter vorstellen. Ob das ein Aussichtsturm war oder eine Ruine? Der Weg dorthin war eigentlich nicht weit, aber mit seiner Mutter ging er nie den Feldweg entlang. Ja, der Vater, der wäre bestimmt schon längst einmal mit ihm zu dem Turm gegangen. Aber die Mutter interessierte sich nicht für solche Dinge und hatte ja auch so wenig Zeit.

Niko war ganz begeistert von seinem Plan. Da würden die anderen morgen in der Schule staunen! Sie könnten nur von der Stadtkirche und vom Schloß berichten, das ja alle schon kannten. Aber seine Freunde und er, sie hätten mit dem Turm etwas ganz Neues entdeckt!

Niko steckte den Stadtplan ein und rannte los. Er war viel zu früh da, deshalb setzte er sich auf Stefans Gartenzaun und wartete. Den Kirchturm von Apfeldorf konnte er gut erkennen, aber einen Turm sah er nicht, so sehr er seine Augen auch anstrengte.

Wie die Kinder den Schneckenturm entdecken und einem seltsamen Mann begegnen, das lest ihr im 2. Kapitel

Katrin und Stefan hatten noch nichts vom Turm gehört, aber Anne kannte ihn. „Wir gehen oft mit den Eltern an den Schneckenbach, da kann man so schön spielen." Ganz in der Nähe des Turms gab es eine seichte Stelle. „Dort hat Papa mit uns im Sommer einen Damm gebaut", erzählte sie. Für den Turm selbst aber hatte sie sich noch nie interessiert. Katrin wollte nur mitgehen, wenn sie bestimmt um vier Uhr wieder zurückwären. „Omi stirbt sonst vor Angst!" – „Du bist doch kein Baby!" spottete Stefan.

Als die Kinder etwa eine halbe Stunde den Feldweg entlang gegangen waren, blieb Niko plötzlich stehen und rief: „Dort ist der Turm!" Sie sahen, wie sich die Mauern eines hohen Turmes vor ihnen erhoben. Er stand auf einem Hügel, der mit Bäumen und Sträuchern bewachsen war. Auf den dicken Quadersteinen des Turmes war in etwa zwanzig Metern Höhe ein Fachwerkgeschoß aufgesetzt, das ein Giebeldach hatte. „Das ist ja ein richtiges Häuschen!" rief Katrin. „Seht nur die kleinen Fenster mit den grünen Fensterläden!" – „Es hat sogar einen Kamin", stellte Anne fest.

Schnell liefen sie weiter und erreichten bald die Häuser von Apfeldorf. Nun trennte sie nur noch der Schneckenbach vom Turmhügel. Sie überquerten eine Wiese und kamen zu einem Steg, der über das Wasser führte. Der Steg war sehr hoch, man mußte auf einer Hühnertreppe hinaufsteigen, dann führten schmale Bretter über den Bach, am anderen Ende ging es ebenso abwärts. „Ich bleibe lieber hier", zögerte Katrin. „Quatsch", sagte Stefan, „so nah am Ziel bleibt man doch nicht zurück." – „Halt dich mit beiden Händen am Geländer fest", rief Anne, „dann kann dir nichts passieren."

Katrin stieg vorsichtig die Hühnerleiter hinauf und klammerte sich am Geländer fest. Sie traute sich nicht, in das fließende Wasser unter sich zu schauen. „Ich gehe hinter dir", beruhigte Anne sie.

Die Jungen rannten auf dem Steg hin und her. „Der Schnekkenbach führt ganz schön viel Wasser", rief Stefan und spuckte hinein. Niko blickte zum Turm hinauf, der sich nun ganz nahe und hoch über ihnen erhob. „Die haben sich einen guten Platz ausgesucht damals, hier hatten sie Wasser und waren geschützt."

„Der Turm ist ja überhaupt nicht zerstört. Ob da noch jemand drin wohnt?" fragte Anne.

„Nichts wie rauf!" Niko und Stefan rannten auf den Turm zu. Als Katrin die Brücke endlich hinter sich hatte, atmete sie erleichtert auf. „Beeil dich doch", drängte Anne und rannte den Jungen nach.

Ein schmaler Weg führte auf den Hügel zu, der dicht mit Gestrüpp bewachsen war. Zuerst glaubte man, der Weg höre am Fuß des Hügels auf, dann aber bemerkten die Kinder Stufen, die in den Hügel gegraben und mit Steinen belegt waren. Die Stufen endeten an einer Tannenhecke, die nur einen schmalen Durchlaß bot. Sie mußten die Köpfe einziehen, um hindurch zu kommen. Nun standen sie aufatmend auf einer Wiesenfläche, die den Turm im Viereck umgab.

„Hei, ist der dick und hoch!" rief Stefan. Der untere Teil des Turms bestand aus buckeligen Quadern. In halber Höhe gab es ein paar Löcher. „Schießscharten!" wußte Niko. „Und da oben haben sie einfach ein Häuschen draufgesetzt", wunderte sich Katrin wieder.

Sie liefen um den Turm herum. Auf der einen Seite entdeckten sie in etwa zehn Meter Höhe eine Tür. „Das war bestimmt der alte Eingang, da mußte man früher mit Leitern von außen raufsteigen", erklärte Niko. „Wenn dann die Feinde kamen, zogen die Turmbewohner die Leitern hinein und waren in Sicherheit." Nun standen sie vor der eigentlichen Eingangstür des Turmes. Stefan rüttelte an der Klinke. Die Tür war verschlossen. „Ich weiß was!" rief er, suchte einen Stecken, stocherte damit im Schlüsselloch herum und versuchte, das Schloß zu bewegen. Aber der Stock brach ab, ein Teil blieb im Schlüsselloch stecken. Stefan bemühte sich nicht weiter, das Holz herauszubekommen. Er kletterte auf einen der umstehenden Bäume. „Von hier aus kann ich den Steg sehen", rief er. Und gerade als Katrin zum Heimgehen drängen wollte, schrie er aufgeregt: „Da kommt einer über den Steg, ein alter Mann mit Rucksack. Er kommt geradewegs auf den Turm zu!"

„Kommt, wir verstecken uns", rief Niko, „vielleicht hat er etwas mit dem Turm zu tun." Sie verkrochen sich in der dichten Tannenhecke an einer Stelle, von der aus sie die Turmtür im Auge hatten, aber selbst nicht gesehen werden konnten. „Seid bloß still", flüsterte Anne.

Bald hörten sie langsame, gleichmäßige Schritte den Hügel heraufstapfen. Dann tauchte ein Mann in der Öffnung der Tannenhecke auf. Er hatte einen grauen Bart und trug einen schweren Rucksack auf dem Rücken. Auf dem Wiesenplatz blieb er stehen, nahm den Hut ab und wischte sich den Schweiß von der Stirn. Dann ging er um den Turm herum und verschwand im Gestrüpp. Nach kurzer Zeit kam er zurück und hielt einen großen Schlüssel in der Hand. Als er ihn ins Schlüsselloch stecken wollte, bemerkte er den abgebrochenen

Stock, knurrte etwas von „frechen Störenfrieden", kramte sein Taschenmesser aus der Hosentasche und brachte den Stecken mit einiger Mühe heraus. Der Mann schloß die Tür auf, die Kinder fühlten Kälte aus dem Turm dringen. So sehr sie sich auch anstrengten, konnten sie doch im Innern nichts sehen, denn es war stockfinster darin. Der Mann schaute sich mißtrauisch um, dann schloß er die Turmtür hinter sich zu.

Die Kinder atmeten auf. „Ganz schön spannend", meinte Stefan, „ob der hier wohnt?" – „Das müssen wir unbedingt rauskriegen", sagte Niko aufgeregt. Anne schaute zufällig auf ihre Uhr und erschrak. „Aber jetzt müssen wir nach Haus, es ist allerhöchste Zeit!" Sie selbst hatte keine so große Eile, aber sie wußte, wie sehr Katrins Oma schimpfte, wenn sie zu spät nach Hause kam. Auf dem Steg blieben sie noch einmal stehen und blickten zum Turm hinauf. Eines der kleinen Fenster war nun weit geöffnet. „Der Mann scheint wirklich hier zu wohnen", sagte Anne. „Morgen kommen wir wieder, das ist ja richtig abenteuerlich", freute sich Stefan. Beim Abschied ermahnte Niko seine Freunde: „Erzählt nichts zu Hause, hört ihr, der Turm bleibt unser Geheimnis." – „Auch in der Sachkunde nicht?" fragte Katrin. „Nein, sonst kommt die halbe Klasse hierher. Wir berichten vom Stadtschloß, dort waren wir ja alle schon. Aber der Turm geht niemanden etwas an."

Zwillinge als Geschwister zu haben ist schön, aber auch anstrengend. Darüber steht einiges im 3. Kapitel

Am nächsten Tag war strahlendes Herbstwetter. Am blauen Himmel waren keine Wolken zu sehen, und die Blätter an den Bäumen leuchteten golden. Anne wurde nach der Schule von den Zwillingen am Gartenzaun erwartet. „Anne, Anne", riefen beide und hängten sich an ihre Schwester, als sie das Gartentor öffnete. „Fahren, ich will fahren!" schrie Paul und stellte sich auf die untere Leiste des Tors. „Halt dich gut fest!" sagte Anne und machte das Tor immer schneller auf und zu. Paul jubelte, aber Ina begann zu heulen: „Ich will auch fahren!" Also stellte Anne den Jungen auf die Erde und hob Ina aufs Tor. Auf-zu, auf-zu, nun war Ina zufrieden, aber Paul wurde ungeduldig. „Jeder darf dreimal, dann wird gewechselt", entschied Anne. Endlich hatten die Kleinen genug und liefen zum Sandkasten. Als Anne ins Haus kam, sah sie gleich, daß mit Mama etwas nicht stimmte. Sie hielt die Hand auf ihre rechte, geschwollene Backe und jammerte: „Ich habe wahnsinnige Zahnschmerzen." Anne deckte den Tisch und machte den Salat an. „Zum Glück kann ich gleich um drei Uhr zum Zahnarzt kommen", sagte Mutter. „Du paßt mir doch heute mittag auf Paul-Ina auf?" – „Aber ich habe mich doch mit den anderen verabredet, wir wollten", Anne zögerte, „wir müssen unbedingt noch einmal die Altstadt erkunden." – „Du kennst doch die Stadt, Papa hat dir doch alles schon so oft gezeigt", erwiderte Mama. „Ich brauche dich heute so dringend für die Kleinen. Zum Zahnarzt kann ich sie ja wirklich nicht mitnehmen." Mama faßte sich wieder an die Backe. „Daß ein Zahn aber auch so abscheulich wehtun kann", seufzte sie.

Anne ging wütend in ihr Zimmer. Klar, daß sie zu Hause blieb, es ging ja nicht anders. Aber sie hatte sich den ganzen Vormittag schon so sehr auf den Turm gefreut. Auf dem Heimweg hatten sie sich ausgemalt, was der alte Mann dort wohl macht. Ob er ein geheimes Versteck im Turm hatte? Was mag wohl im Rucksack gewesen sein? Vielleicht stand die Tür heute offen, und sie konnten ihm nachschleichen. Und nun mußte Mama ausgerechnet heute Zahnschmerzen bekommen! Wenn sie wenigstens früher zum Zahnarzt gegangen wäre, dann hätte Anne den anderen zum Turm nachlaufen können. Aber so war der ganze Mittag hin!

Plötzlich bekam Anne auch einen Zorn auf die Zwillinge. Wie oft mußte sie auf die beiden aufpassen! Wie oft störten sie beim Lernen oder Lesen! Wie oft quengelten sie dazwischen, wenn sie mit den Eltern redete! Papa wußte das und tröstete sie: „In zwei Jahren hast du es leichter, sie sind jetzt im schlimmsten Alter." Auch Mama lobte sie oft: „Anne, wenn ich dich nicht hätte, ich wüßte nicht, wo mir der Kopf steht." Das freute Anne dann, sie hatte die Zwillinge ja auch sehr gern, aber manchmal, so wie heute, verdarben sie ihr einfach alles.

Um zwei Uhr rannte sie zu Stefans Gartenzaun und sagte den anderen, daß sie nicht mitkönne. „Nehmen wir Paul-Ina doch mit", rief Stefan, „huckepack!"

„Die würden uns doch mit ihrem Geschrei verraten", meinte Niko. „Könnten wir nicht erst morgen zum Turm gehen?" bat Anne. „Wir können morgen ja noch mal hin, aber mir läßt es keine Ruhe, ich muß heute zum Turm", antwortete Niko bestimmt. Da rief Katrin: „Weißt du was, Anne, ich bleib bei dir, und wir hüten Paul-Ina gemeinsam." Katrin war der Turm irgendwie unheimlich. Sollten die Jungen ihn erst einmal für sich erforschen, sie konnte später immer noch einmal dorthin mitkommen.

Katrin ging mit Anne ins Haus. Im Kinderzimmer war es noch ruhig. Mama verabschiedete sich bald. Ihre Backe war richtig dick geschwollen. „Wenn die Kleinen aufwachen, spielen wir Mutter und Kind", schlug Katrin vor. „Mein Kind ist Ina, deines ist Paul. Wir ziehen unsere Kinder schön an, dann bekommen sie etwas zu essen, später fahren wir sie spazieren, so wie richtige Mütter." Eine Zeitlang ging das auch gut. Die Zwillinge waren ausgeschlafen und ließen sich allerlei gefallen. Nur als Katrin Inas kurze Haare unbedingt zu Zöpfen flechten wollte, begann diese zu schreien. Schließlich setzten sie Ina in Annes Puppenwagen und Paul in die kleine Schubkarre und spazierten mit ihnen durch den Garten. Die Zwillinge wollten aber bald unbedingt in den Sandkasten, und die beiden Mädchen setzten sich auf die Gartenbank und unterhielten sich wie richtige Mütter über ihre Kinder. „Hat ihrer denn schon alle Zähne?" fragte Katrin mit verstellter Stimme. „Na klar", antwortete Anne geziert, „er ist doch in allem anderen Kindern weit voraus."

Plötzlich schrie Paul auf, heulte laut und hielt seinen Finger in die Höhe. „Da, da!" Ina deutete auf eine Wespe im Sand. Und weil Paul so weinte, begann Ina auch zu schreien. Anne trug ihn ins Haus, wusch ihm erst einmal die Hände und suchte im Arzneischrank nach einem Fläschen. Vorsichtig tupfte sie den geschwollenen Finger ab. „Willst du einen Verband?" fragte sie. Paul nickte. Also bekam er eine Binde um den Finger gewickelt. „Auch Verband, auch Verband!" quäkte Ina. Katrin verband ihr auch einen Finger. Die beiden zeigten sich ihre Verbände und lachten. „Wißt ihr was, jetzt spielen wir Krankenhaus", rief Katrin. „Ihr beide legt euch aufs Sofa, und wir sind die Krankenschwestern und versorgen euch."

Der Nachmittag verging im Flug, und als die Mutter zurückkam, waren die Kinder noch so mit dem Spielen beschäftigt, daß sie sich etwas ausruhen konnte.

„Ich spiele so gern mit Paul-Ina“, sagte Katrin, als sie gehen mußte, „hol mich doch immer, wenn du bei ihnen bleiben mußt.“ Anne war mit dem Nachmittag auch zufrieden. Erst jetzt fiel ihr wieder ein, daß die Jungen beim Turm gewesen waren. Was sie wohl morgen erzählen würden?

Wie Niko und Stefan Severin Brückenschlag kennenlernen, und was sie vom Leben auf dem Turm hören, könnt ihr im 4. Kapitel lesen

Ja, wie war es Niko und Stefan ergangen?

Vom Steg aus hatten sie schon sehen können, daß das Fenster oben geschlossen war. „Falls der Mann wirklich hier wohnen sollte, ist er sicher nicht da", meinte Stefan. Sie stürmten den Hügel hinauf. Unter ihren Füßen raschelte das Laub. Durch die bunten Blätter hindurch sahen sie den Turm hoch über sich aufragen. Nun schlüpften sie durch die Tannenhecke und standen wieder auf dem Wiesenplatz. Alles war still. „Du, der Mann hat doch gestern den Schlüssel irgendwo hergeholt", fiel Niko ein. Sie gingen links am Turm vorbei und entdeckten einen überwachsenen Pfad ins Gebüsch. Schon nach wenigen Metern standen sie vor einer Holzhütte. Niko öffnete den Türriegel und rief: „Ein Klohäuschen!" Dann suchte er die Wände ab und entdeckte hinter einem Brettchen einen Nagel, an dem ein großer Schlüssel hing. „Mensch Stefan, wir haben den Turmschlüssel!"

Niko nahm den Schlüssel und rannte zum Turm. Er drehte sich mühelos im Schloß. Sie öffneten die Tür – und mußten sich erst einmal an die Dunkelheit des Turmes gewöhnen. „Ist das kalt hier!" Stefan schüttelte sich. Bald erkannten sie eine Holztreppe, die an den Wänden entlang hinaufführte. Die Stufen waren steil und ausgetreten, und beide waren froh, daß sie sich an einem Geländer halten konnten. „Wenn wir nur eine Taschenlampe hätten," seufzte Stefan.

Schließlich wurde es heller, sie erreichten ein Zwischenstockwerk. „Hier ist die Maueröffnung, wo früher der eigentliche Eingang war", stellte Niko fest. Sie traten an die durch ein Eisengitter gesicherte alte Tür und blickten hinaus, genau in das Astwerk der Bäume hinein, die um den Turm herumwuchsen. Auf einmal flog ein Vogel über ihnen durch das Gitter ins Freie. Den Wänden des Zwischenstockwerkes entlang waren Holzbeugen aufgeschichtet, in der Mitte stand ein Hackklotz mit einem Beil. Es gab auch größere Holzklötze, die noch gespalten werden mußten. Von hier aus führte die Treppe noch höher und wurde von einer geschlossenen Falltür abgedeckt. Ein dickes Seil hing von der Falltür herab. Die Jungen waren schrecklich aufgeregt. „Soll ich ziehen?" Stefan griff nach dem Seil.

In diesem Augenblick hörten sie unten im Turm Schritte. Langsam und bedächtig kamen sie die Treppe herauf. Unter sich sahen die beiden den Lichtkegel einer Taschenlampe leuchten. Starr vor Schrecken blieben sie stehen. Bald erkannten sie den alten Mann von gestern. Wieder hatte er den Rucksack auf dem Rücken und den Hut auf dem Kopf. Auf dem Treppenabsatz machte er halt, atmete mehrmals tief, blickte nach oben und rief barsch: „Wer ist da?" Dabei schwenkte er den Schlüssel in der Hand, den die beiden hatten stecken lassen. Niko ging zögernd die Treppe zu ihm hinab und sagte: „Wir wollten uns nur den Turm anschauen." – „Aber wie kommt ihr zu dem Schlüssel?" fragte der Mann ärgerlich. „Den haben wir gefunden." – „So, den habt ihr gefunden, und ich hatte gemeint, ich hätte ihn so gut versteckt." Der Mann sprach langsam und hatte eine tiefe Stimme. „Wohnen Sie denn hier?" fragte Stefan zaghaft. Der Mann nickte. „Macht jetzt, daß ihr nach Hause kommt", sagte er streng.

Als die Jungen die Treppe hinabsteigen wollten, rief er sie zurück. „Wartet, wenn ihr jetzt hinuntergeht, muß ich ja mit und euch unten aufschließen. Das ist mir im Augenblick zu beschwerlich. Wenn ihr schon bei mir eingebrochen seid, könnt ihr auch etwas für mich tun." Er zeigte auf einen großen Henkelkorb und eine Holzbeuge. „Füllt mir den Korb und tragt ihn hinauf!" Dann stieg er langsam höher, zog an dem Seil und öffnete damit die Falltür. Nun strömte Licht in den Turm. Die Jungen füllten den Korb. „Jetzt kommen wir doch noch zu ihm in die Wohnung", flüsterte Stefan.

Sie schleppten den Korb hinauf und standen am Ende der Treppe in einer kleinen Küche. In die Wand war ein Herd eingemauert, es gab ein paar Schränkchen und einen Tisch. Auf dem Boden standen mehrere große Kanister. „Ich muß mir das Wasser immer heraufziehen", sagte der Mann. Als sie ihn fragend ansahen, brummte er: „Dabei könntet ihr mir eigentlich nachher auch noch helfen."

Niko und Stefan war es etwas unheimlich, aber böse sah der Mann nicht aus. Er bedankte sich, als sie den Holzkorb hinstellten, schaute sie eindringlich an, lächelte dann vor sich hin und gab ihnen schließlich die Hand: „Ich heiße Severin Brükkenschlag." Dann öffnete er eine Tür und führte sie in ein Zimmer. Auf einem großen Arbeitstisch lagen Messer, Bohrer, Feilen und anderes Werkzeug, aber auch Holzstücke und halbfertige Holzfiguren.

„Das ist ja eine Werkstatt", staunte Niko. „Ja, ich bin Schnitzer", sagte Severin Brückenschlag. Stefan ging zu einem Regal, in dem nebeneinander fertig geschnitzte Figuren standen: Hirten, Könige, Maria mit dem Kind, aber auch Engel und Tiere. „Sie wohnen also ganz allein hier oben auf dem Turm und schnitzen?" fragte Niko. Der Mann nickte. Er setzte sich auf die Bank, die um seinen Kachelofen lief und zündete sich eine Pfeife an. „Ich brauche Ruhe zu meiner Arbeit, ich möchte auch noch so leben, wie die Menschen früher gelebt haben. Da fand ich vor vielen Jahren den Turm, und der war für mich genau das, was ich gesucht hatte."

Langsam begann er, den Jungen von seinem Leben hier oben zu erzählen. Das war schon recht mühsam: Alles mußte heraufgetragen werden, doch, es gab schon einen Flaschenzug. Sie dürften ihn nachher bedienen, wenn er das Wasser auffüllte. Natürlich würden der Herd und der Ofen mit Holz geheizt. Holz spalten und Holz schleppen gehörte zur täglichen Arbeit. Elektrisches Licht hatte er selbstverständlich auch nicht. Die Petroleumlampe reichte ihm. Schnitzen, ja, das konnte er eben nur bei gutem Tageslicht. „Und Sie haben keinen Fernseher?" fragte Stefan ungläubig. Der Schnitzer lächelte: „Ich habe meine Bilder in mir. Wißt ihr, wenn ich so in der Dämmerung sitze, dann fallen mir zu den Figuren, die ich gerade schnitze, viele Geschichten ein. Da wird es mir nicht langweilig."

„Und wo schlafen Sie?" wollte Niko wissen. Severin öffnete eine Tür, die von der Werkstatt weiterführte. In einer Kammer standen ein Bett, ein Schrank und eine Kommode. „Ich hätte gar nicht gedacht, daß auf dem Turm so viel Platz ist", staunte Stefan. „Es gibt noch mehr Platz", sagte der Mann. Sie gingen in die Küche zurück. Von dort führte ein kleiner Gang zu einer Leiter. „Der ganze Bodenraum unter dem Giebel ist noch da", sagte der Schnitzer. Die Jungen kletterten die Leiter hinauf. Der Bodenraum stand voller Gerümpel, alles war staubig und voller Spinnweben. „Hier könnte man sich ein tolles Lager einrichten", plante Niko. „Ich möchte hier oben immer einmal aufräumen", seufzte Severin, „aber ich schaffe es einfach nicht mehr." Da bemerkte Niko, daß er doch schon recht alt war.

„Wenn Sie uns brauchen, kommen wir gern und helfen Ihnen", bot er an. „Uns hat es wirklich keine Mühe gemacht, das Holz heraufzutragen", pflichtete Stefan bei. „Gut, dann wollen wir den Wasservorrat auffüllen." Severin Brückenschlag öffnete ein Fenster und ließ an einem Flaschenzug ein Seil mit einem Karabinerhaken in den Hof hinab. Jeder nahm einen Kanister in die Hand. Gemeinsam gingen sie die Turmtreppen hinunter. Severin leuchtete mit der Taschenlampe. Einige Meter unter dem Hügel war eine Wasserstelle. Hier durfte Severin aus der Wasserleitung, die vorbeiführte, Wasser entnehmen, indem er einen Hahn mit einem besonderen Schlüssel öffnete. Sie füllten die Kanister und schleppten sie zum Turm. Severin befestigte sie am Seil des Flaschenzugs. Dann gab er den Jungen die Hand, bedankte sich für ihre Hilfe und lud sie ein, wiederzukommen.

Die Jungen schauten noch zu, wie er die Kanister hochzog und sie durchs Fenster hereinholte. Er winkte ihnen noch einmal kurz und schloß dann das Fenster.

Die beiden blieben noch eine Weile auf dem Wiesenplatz stehen. Plötzlich schlug Stefan Niko auf die Schulter und rief: „Mensch Niko, was haben wir für eine Entdeckung gemacht!" – „Da kommen wir wieder her. Ich glaube, er hat sich sogar über unseren Besuch gefreut, der Severin Brückenschlag", engegnete Niko.

Im 5. Kapitel erfahrt ihr etwas mehr über Niko und Stefan

Als Niko nach Hause kam, war seine Mutter noch nicht da. Ob er ihr nachher von dem Schnitzer erzählte? Nein, lieber nicht. Sie hatte ja immer gleich Angst, es könnte ihm etwas passieren; und sie würde ihm vielleicht verbieten, wieder zum Turm zu gehen. Aber böse hatte der Mann wirklich nicht ausgesehen. Niko stellte sich sein Gesicht vor. „Er hat so gute Augen", kam ihm plötzlich in den Sinn. Mama war allen Leuten gegenüber so mißtrauisch. Selbst wenn jemand wirklich nett und freundlich war, glaubte sie nicht recht, daß das echt war. Hatte sie sich so verändert, weil Papa weggegangen war? Niko öffnete sein Geheimfach. Er hatte sich in die untere Schublade seiner Wäschekommode ein Brettchen gelegt, darunter lagen Briefe und ein Foto von seinem Vater. Das Bild zeigt ihn, Niko, wie er auf einen Baum geklettert war, und wie Papa ihn gerade noch an den Beinen festhielt. Das war schon vor drei Jahren gewesen, kurz darauf war Papa weggezogen. Niko schaute Papas Gesicht an. Der lachte fröhlich. Papa war eigentlich immer vergnügt gewesen, er hatte nie Angst gehabt, wenn Niko irgendwo hinaufgeklettert war oder am Wasser spielte. Er hatte Niko vieles gezeigt und erklärt, er hatte ihm das Radfahren und Schwimmen beigebracht und gern mit ihm herumgetollt. Und dann war er einfach weggegangen und hatte Mama und ihn allein gelassen.

Wenn Niko daran dachte, wurde er wütend und traurig

zugleich. Papa würde er sofort vom Schnitzer und vom Turm erzählen. Und er wußte bestimmt, daß Papa schon morgen mit ihm hingehen würde. Ob er es ihm schreiben sollte? Aber Papa antwortete ja nicht auf seine Briefe. Er hatte ihm aus den Sommerferien einen langen Brief geschrieben und zum Geburtstag eine Bastelarbeit geschickt. Es kam nicht einmal ein Dank. „Er ist zu sehr mit seiner neuen Frau beschäftigt“, sagte Mama bitter. Schlimm war auch, daß Niko mit Mama nicht mehr über Papa reden konnte. Häufig schimpfte sie auf Papa, wenn er etwas von ihm sagte, manchmal weinte sie auch. Niko schaute Papas Foto noch einmal an, dann packte er es wieder weg.

Nach dem Abendessen gab er Mama einen Zettel, den sie im Religionsunterricht mitbekommen hatten und ausgefüllt zurückbringen sollten. „Anmeldung zur Erstkommunion“ stand darauf. Mama füllte alles gewissenhaft aus. Um das Datum seiner Taufe eintragen zu können, sah sie im Familienbuch nach. „Dein Tauftag war der Samstag vor Pfingsten“, erzählte sie, „es war ein wunderschöner Frühlingstag, die Bäume blühten, in der Kirche war schon alles festlich für Pfingsten geschmückt. Dein Papa und ich waren so glücklich, daß wir Dich hatten.“ Sie seufzte. „Damals hatten wir so viele Freunde eingeladen. Aber deinen Weißen Sonntag werden wir wohl allein verbringen. Oma wird nicht kommen können, dein Pate ist in Amerika und unsere vielen Freunde –“ Mama sprach nicht weiter. Aber Niko wußte, was sie sagen wollte. Es war auch seltsam: Seit Papa fort war, hatten sie immer weniger Besuch bekommen. Es waren nur noch sehr wenige, die einmal vorbeischauten, und eingeladen wurden sie kaum noch.

Auch Stefan gab seinen Eltern den Zettel mit der Anmeldung. „Da muß ich erst mit Papa reden, ob du überhaupt zur Erstkommunion gehen sollst“, sagte seine Mutter etwas verlegen. „Du bist nämlich gar nicht getauft.“ Stefan fiel aus allen

Wolken. „Aber ich war doch immer im Religionsunterricht." – „Das war vom Stundenplan her besser für dich, du hättest ja sonst immer eine Freistunde gehabt", sagte die Mutter. „Wir wollten auch nicht, daß du dich als Außenseiter fühlst."

Am Abend saßen die Eltern mit Stefan zusammen. „Wir haben dich nicht taufen lassen, weil wir zu keiner Kirche gehören", sagte der Vater. „Ja, glaubt ihr denn nicht an Gott?" fragte Stefan entsetzt. „Doch, doch", beschwichtigte ihn der Vater. „Nur, in die Kirche gehen und beten und so, das tun wir nicht." Stefan war sonntags auch noch nie in der Kirche gewesen, aber in den Schülergottesdienst, den sie im Schulgebäude feierten, ging er immer. Er fand den Gottesdienst auch schön, und die Religionsstunden hatte er auch immer gern. Es waren die Stunden, in denen er etwas ganz Neues erfuhr, etwas, das er nicht schon aus dem Fernsehen kannte. „Möchtest du denn zur Erstkommunion?" fragte der Vater. Stefan hatte sich das überhaupt noch nie überlegt. „Die andern gehen alle," sagte er. „Er wäre dann ja der einzige in der Klasse, der kein großes Fest und keine Geschenke bekäme", warf die Mutter ein, „das können wir ihm nicht antun." – „Es wäre eine Gelegenheit, einmal wieder alle Verwandten einzuladen", meinte der Vater. „Aber Stefan soll es selbst entscheiden." – „Kornelia hat sich damals dagegen entschieden, da hatten wir die Frage ja auch", erinnerte sich die Mutter, „sie wollte einfach nicht als großes Mädchen getauft werden, vielleicht hatte sie Angst vor dem kalten Wasser."

Stefan fand die Mutter blöd. Daß es bei der Taufe um mehr ging als um kaltes Wasser, das wußte er. „Ich möchte zur Erstkommunion", sagte er bestimmt. „Gut", sagte der Vater, „dann werde ich hier eintragen, daß du noch getauft werden mußt. Wie das dann alles wird, darum muß sich der Pfarrer kümmern."

Worüber Severin Brückenschlag beim Schnitzen nachdenkt, und was Josef mit der Taufe zu tun hat, lest ihr im 6. Kapitel

Zwei Tage lang regnete es so stark, daß die Kinder nachmittags nicht aus dem Haus konnten. Der Wind warf die Äpfel ins Gras und blies schon viele Blätter von den Bäumen. „Nun wird es richtig Herbst!“ klagte Katrins Oma und suchte ihre wärmere Kleidung heraus. Als das Wetter endlich etwas besser wurde, verabredete sich Niko mit den anderen zu einem Besuch beim Schnitzer. Er hatte während der letzten Tage so oft an ihn denken müssen und konnte es kaum erwarten, wieder auf den Turm zu kommen. „Bringt alle eine Taschenlampe mit“, erinnerte er seine Freunde noch.
Als sie zum Turm kamen, standen sie vor der verschlossenen Turmtür und überlegten gerade, wie sie sich dem Schnitzer bemerkbar machen könnten, denn es gab natürlich keine Klingel, und ob er ihr Rufen dort oben hörte, war fraglich. Da öffnete sich hoch über ihnen ein Fenster, Severin Brückenschlag winkte herunter und ließ den Schlüssel vorsichtig an einer dicken Schnur herab. Stefan schloß auf und versperrte die Tür wieder hinter ihnen, nachdem sie die Taschenlampen angeknipst hatten. Katrin ging in der Mitte. Allmählich bekam sie auch Spaß an dem Abenteuer. Der Schnitzer hatte die Falltür schon geöffnet und rief ihnen entgegen: „Bringt mir doch bitte gleich einen Korb Holz mit herauf!“

Er begrüßte die Kinder freundlich und sagte: „Ich habe auf euch gewartet, aber ich hätte mich nicht gewundert, wenn ihr nicht mehr gekommen wärt. Wer besucht schon gern einen alten Mann!" Die Mädchen schauten sich neugierig um. So sah es also im Turm aus! Das war die Küche, daneben die Werkstatt. Noch viel schöner, als es ihnen die Jungen geschildert hatten! Dann stellten sie sich ans Fenster und blickten hinaus. Wie klein die Häuser des Dorfes unter ihnen waren! Der Bach schlängelte sich, an seinen Ufern von Büschen und Bäumen bewachsen, durch die Wiesen. „Schaut mal", rief Katrin, „der Steg sieht von hier oben aus wie ein Strich." Neben dem Fenster lehnte in der Ecke eine zusammengerollte rote Fahne. „Wozu brauchen Sie die denn?" fragte Niko. „Wenn ich krank bin oder mir sonst etwas fehlt, hänge ich sie zum Fenster hinaus, dann wissen die Leute dort im letzten Haus, daß sie nach mir sehen sollten. Sie haben auch einen Schlüssel zum Turm", erklärte der Schnitzer. „Hin und wieder brauche ich ihre Hilfe." – „Ach ja, Sie haben natürlich kein Telefon da oben", Stefan mußte lachen.

„Ich möchte das Licht ausnutzen und noch ein wenig arbeiten", sagte Severin. Die Kinder setzten sich auf die Ofenbank und lehnten den Rücken an den warmen Kachelofen. Der Schnitzer setzte sich auf seinen Hocker. Die Kinder schauten zu, wie er eine Figur in die Hand nahm und mit einem Schnitzmesser behutsam winzige Holzteilchen abschälte. Nach einiger Zeit fragte Anne: „Wer soll das werden?" Severin stellte die Figur so auf den Tisch, daß sie sie alle gut sehen konnten. Man konnte einen sitzenden Mann erkennen, der die eine Hand an sein Ohr hielt und den Kopf horchend erhoben hatte. In der anderen Hand hielt er einen Stab. „Ja, wer könnte das sein?" Der Schnitzer blickte die Kinder erwartungsvoll an. Und da sie nicht antworteten, half er: „Es ist eine Figur für die Weihnachtskrippe." – „Ein Hirte?" fragte Niko. Severin schüttelte den Kopf. „Dann ist es der Josef", rief Anne. „Du hast recht." Der Schnitzer nahm die Figur wieder in die Hand und arbeitete

weiter. „Josef ging doch mit Maria nach Betlehem und war dabei, als das Kind im Stall geboren wurde", erinnerte sich Stefan. „Und später sagte ihm der Engel, daß er mit Maria und dem kleinen Jesus nach Ägypten fliehen sollte", wußte Katrin. – „Von Josef steht kein Wort in der Bibel, das er gesprochen hat, aber es steht mehrmals von ihm darin, daß er gut auf das hörte, was Gott ihm zu sagen hatte." Severin legte sein Schnitzmesser beiseite und sah die Kinder an. „Wißt ihr, das, was Gott von ihm verlangte, war für Josef oft schwer zu verstehen. Immer wieder mußte er seine eigenen Pläne und Wünsche völlig ändern. In der Bibel steht nicht, daß er sich ärgerte oder zornig wurde. Manchmal hätte er dazu schon Grund gehabt. Er aber horchte auf das, was Gott von ihm wollte, dachte darüber nach und glaubte, daß Gottes Pläne richtiger seien als seine eigenen." – „Haben Sie ihm deshalb die Hand ans Ohr gelegt?" fragte Anne. „Ja, die Hand am Ohr soll zeigen, daß er horchte, sein Blick, daß er glaubte, und der Stab in der Hand, daß er nachher auch tat, was Gott von ihm wollte."

„War Josef denn getauft?" fragte Stefan plötzlich. Der Schnitzer schaute ihn überrascht an. „Nein, getauft wurde erst später, aber Josef tat genau das, was ein Getaufter tun soll: hören, glauben und entsprechend handeln."

„Ich bin nicht getauft", sagte Stefan leise. „Aber du hörst doch im Reli-Unterricht zu", rief Katrin, „vielleicht nicht gerade mit der Hand am Ohr, aber immerhin!" Er nickte. Severin Brückenschlag zwinkerte ihm freundlich zu: „Du willst auch so leben, wie Gott es von uns will, wenigstens bemühst du dich darum, sonst hättest du mir nicht Holz und Wasser hier heraufgeschleppt." Stefan freute sich. Seit er wußte, daß er nicht getauft war, hatte er manchmal das Gefühl gehabt, nicht mehr richtig zu den Freunden zu gehören. „Vor dem Weißen Sonntag werde ich noch getauft", sagte er aufatmend.

Im 7. Kapitel geht es um Freunde

Katrin wurde morgens in aller Frühe von ihren Eltern zur Oma gebracht. Sie war dann immer noch sehr müde, aber ihre Oma machte ihr ein gutes Frühstück, und sie saßen gemütlich beisammen, bis Anne Katrin abholte. Manchmal trafen sie die beiden Jungen, aber oft gingen die Mädchen auch allein zur Schule. Katrin war so froh, daß Anne mit ihr ging. Sie mußten eine große Straße überqueren. Wenn die Ampel in Betrieb war, gab es keine Probleme. Aber manchmal fiel sie aus, und dann traute sich Katrin nicht allein über die Straße. Anne faßte sie dann bei der Hand, ging mit ihr bis zur Straßenmitte, wartete ruhig, bis auf der anderen Seite frei war, und führte Katrin sicher hinüber. Anschließend mußten sie noch durch eine kleine Grünanlage. Dort führten morgens viele Leute ihre Hunde spazieren. Katrin hatte schreckliche Angst vor Hunden. Wenn einer an ihnen vorbeirannte, faßte sie Anne an der Hand, und sie traten ganz fest auf, damit der Hund Katrins Angst nicht merken sollte.

Auch auf dem Schulhof war Katrin froh, daß Anne bei ihr war. Da gab es Jungen, die die Mädchen anrempelten, ihnen die Mützen wegnahmen oder das Pausenbrot aus der Hand rissen und auf die Erde warfen. Wenn Katrin allein im Hof stand, passierte ihr das öfters, wenn sie aber bei Anne war, traute sich niemand, sie zu ärgern.

Katrin wurde auch manchmal ausgelacht, zum Beispiel jetzt,

weil sie schon warme Strumpfhosen und Stiefel anhatte, während die anderen Kinder noch in Socken und Sandalen herumliefen. Dann sagte Anne: „Die zieht doch nur an, was sie anziehen muß. Seid froh, daß eure Mutter nicht so ängstlich ist wie ihre Oma." Dafür war Katrin Anne sehr dankbar.

Im Religionsunterricht verteilte der Pfarrer heute Zettel. Jedes Kind sollte darauf schreiben, wie sein Freund oder seine Freundin ist.

Katrin dachte sofort an Anne. Sie schrieb: „Meine Freundin holt mich ab, sie sorgt für mich, sie schützt mich, sie verteidigt mich, sie hilft mir, ich darf mit ihr spielen."

Anne schrieb lange nichts auf ihren Zettel. Alle sagten, Katrin sei ihre Freundin. Das stimmte und stimmte auch wieder nicht. „Ich bin für sie eher wie eine große Schwester", dachte Anne auf einmal, „sie braucht mich, ähnlich wie die Zwillinge mich brauchen." Aber eine richtige Freundin, mit der man alles bereden konnte, war Katrin eigentlich nicht. Anne wünschte sich oft eine richtige Freundin, die vielleicht mehr konnte als sie, die sich um sie kümmerte, die ihr Neues erzählte. Sie kaute an ihrem Füller. Da flüsterte Katrin, die neben ihr saß: „Zeig mir doch, was du über mich geschrieben hast." Anne schaute erschrocken auf ihr leeres Blatt und schrieb dann: „Meine Freundin hilft mir oft die Zwillinge hüten." Das war ja auch wirklich etwas.

Stefan hatte über Niko geschrieben: „Mein Freund ist gescheit, wir unternehmen vieles gemeinsam, er hat keine Angst, ich kann mich auf ihn verlassen, ich bin stolz auf ihn."

Niko dachte über Stefan nach. Doch, sie waren viel zusammen, Stefan machte auch vieles mit. Aber schon, wenn er mit ihm über seine Bücher reden wollte, schaltete Stefan ab. Er interessierte sich nur für „Donald Duck". Auch wenn er mit Stefan mit dem Technikbaukasten konstruieren wollte, gab er gleich auf. Solange sie über Sport oder Fernsehsendungen redeten, war Stefan ein guter Freund. Aber es gab vieles, was er mit ihm nicht besprechen konnte; daß ihm der Vater fehlte, zum Beispiel; daß es langweilig war, immer nur mit der Mutter zusammenzusein. Eigentlich, dachte Niko, war mein Vater mein bester Freund. Was habe ich ihn nicht alles gefragt! Er wußte auf alles eine Antwort. Was hat er mir nicht alles gezeigt, wenn wir miteinander unterwegs waren! Vater war sein Freund gewesen, aber das war jetzt vorbei. Er schrieb ihm nicht einmal mehr!

Niko merkte, wie er zugleich wütend und traurig wurde. „Ich habe gar keinen richtigen Freund“, schrieb er auf seinen Zettel.

Der Pfarrer sammelte die Zettel ein und schrieb an die Tafel, was sie von einem guten Freund erwarteten, und da kam eine Menge zusammen:

Zuverlässig sollte er sein und zu mir halten, mit mir über alles reden, aber auch gut zuhören können, mich schützen und mir helfen, sich aber auch helfen lassen, vieles mit mir gemeinsam tun ... und vieles mehr.

„Mein Freund und ich – wir sind uns beide ganz wichtig“, las der Pfarrer den zweitletzten Zettel vor. „Darin steckt alles, was die anderen geschrieben haben.“

Zum Schluß aber las er Nikos Zettel: „Ich habe gar keinen richtigen Freund.“

Niemand in der Klasse wußte, daß das Niko geschrieben hatte. Denn Niko war sehr beliebt. Viele hätten ihn sogar sehr gern zum Freund gehabt, und manche waren ein bißchen neidisch auf Stefan.

„Ja“, sagte der Pfarrer nachdenklich, „der das geschrieben hat, hat etwas gemerkt. Einen Freund, der all die Eigenschaften hat, die wir aufgeschrieben haben, hat wohl niemand. Oft sind wir enttäuscht von unseren Freunden. Es gibt nur einen, der alle unsere Wünsche an einen Freund erfüllen kann und erfüllen will, und das ist Jesus. Er will unser Freund sein."

„Aber wir sehen ihn doch nicht," rief Stefan.

Der Pfarrer nahm eine gelbe Kreide und unterstrich den Satz: „Mein Freund und ich, wir beide sind uns wichtig."

„Kann das nicht auch sein, wenn man sich nicht sieht?" fragte er. „Doch", rief Niko und dachte an seinen Vater: Er ist mir sehr wichtig, auch wenn ich ihn nicht sehe. Wie wichtig ich ihm bin, weiß ich nicht. Das ist eben dann der Unterschied zu Jesus.

Abends im Bett versuchte Niko mit Jesus zu sprechen: „Du, wenn du mein Freund bist, dann hör mir einmal zu. Ich möchte dir von Papa erzählen. Weißt du noch, wie aufregend es war, als er mir den Wackelzahn zog? Du warst doch auch irgendwie dabei, als wir an Weihnachten die Eisenbahn aufbauten. Erinnerst du dich, wie wir uns nach dem letzten Urlaub halb tot gelacht haben, weil Papa einen Koffer überfahren hat, der noch hinter seinem Auto stand? Jesus, findest du es nicht gemein von ihm, daß er uns allein gelassen hat? Daß ihm seine neue Frau wichtiger ist als ich? Ich werde dir noch oft von Papa erzählen, er fehlt mir. Aber ich finde es schön, daß du eigentlich schon alles weißt, was ich dir sage, daß du Papa und uns alle schon immer gekannt hast. Du weißt dann, worum es geht. Sei mein Freund, auch wenn du mir nicht antwortest. Ich brauche neben Stefan noch einen richtigen Freund."

Ein Plan, von dem niemand etwas wissen soll. Ihr erfahrt ihn aber im 8. Kapitel

Katrins Oma kam aufgeregt zu Annes Mutter. „Wissen Sie, wo sich die Kinder mittags herumtreiben? Ich dachte, sie spielen miteinander, und nun muß ich hören, daß sie auf einen Turm steigen und einen Schnitzer besuchen." Sie war ganz außer sich. „Was da alles passieren kann!"

Annes Mutter beruhigte sie. „Wir kennen Severin Brückenschlag, er ist ein guter, alter Mann, vielleicht ein wenig eigenartig geworden durch das einsame Leben auf dem Turm. Aber wir haben nichts dagegen, daß Anne zu ihm geht." Dann erzählte sie, daß ihr Mann neulich den Schnitzer getroffen habe. Er hätte ihm gleich erzählt, daß die Kinder aus der Schäferstraße ihn besuchten, und daß er sich jedesmal freue, wenn sie wiederkämen. „Die meiste Zeit lebe ich ja nur mit meinen geschnitzten Figuren", habe er gesagt, „ich rede zwar mit ihnen und denke mir Geschichten über sie aus, aber es ist doch viel schöner, Menschen, und gar noch Kinder, um sich zu haben, mit denen man sprechen kann, und die auch fragen und antworten." Nein, da könne sie ganz beruhigt sein.

Es sei doch für die Kinder auch schön zu erleben, daß man noch ganz wie früher leben könne, ohne Ablenkung durch Fernsehen und alles mögliche sonst. Katrins Oma war noch nicht ganz beruhigt, aber sie wollte Katrin die Besuche auf dem Turm nicht verbieten.

Die Kinder gingen immer wieder einmal dorthin. Sie setzten

sich auf die Ofenbank, der Schnitzer arbeitete und erzählte ihnen nebenbei eine Geschichte, meist über die Figur, an der er gerade arbeitete. Dann halfen die Kinder noch etwas; sie trugen Holz herauf oder füllten die Wasserkanister, sie schleppten die Abfälle mit hinunter, und Severin war jedesmal sehr dankbar dafür. „Das Treppensteigen fällt mir einfach immer schwerer", seufzte er oft, „aber ich kann mir nicht denken, daß ich einmal nicht mehr auf dem Turm wohnen werde."

Das Regal mit den Krippenfiguren füllte sich. An einem Nachmittag in den Herbstferien durften die Kinder ihm helfen, die Figuren in Papier und Holzwolle einzupacken. Der Schnitzer legte sie sorgfältig in einen Koffer und sagte: „Ich fahre für ein paar Tage in die Stadt. Ich bringe meine Figuren in ein Geschäft, das sie verkauft, und besuche bei der Gelegenheit meinen Bruder." Die Kinder trugen ihm den Koffer hinunter, Stefan und Niko schleppten ihn über den Steg und stellten ihn bei dem Bauern ab, damit Severin ihn am nächsten Morgen nicht zu weit zum Bus tragen mußte.

Auf dem Heimweg hatte Stefan plötzlich eine Idee. Er nahm Niko beiseite und flüsterte mit ihm. Niko war sofort Feuer und Flamme. Am nächsten Tag sagte er zu seiner Mutter: „Ich darf heute bei Stefan übernachten. Er hat mich eingeladen, ich soll nachmittags zu ihm kommen." Die Mutter hatte nichts dagegen, denn Niko hatte schon öfters bei Stefan übernachtet.

Stefan aber sagte zu seiner Mutter: „Ich darf heute bei Niko übernachten. Er war doch schon oft bei uns, jetzt soll ich einmal zu ihm kommen." Weil Ferien waren, erlaubte es die Mutter. Am Nachmittag trafen sich die beiden Jungen an Stefans Gartenzaun und schlichen sich schnell aus der Sichtweite der Häuser in Richtung Turm. Sie hatten nämlich beschlossen, diese Nacht allein auf dem Turm zu verbringen. Kein Mensch würde das merken, auch der Schnitzer nicht, der war ja in der Stadt. Sie

rannten über den Steg, den Hügel hinauf und zum Klohäuschen. Aber der Schlüssel hing nicht in seinem Versteck. Enttäuscht blieben sie stehen. „Jetzt hat der Brückenschlag den Schlüssel mitgenommen", sagte Niko. Da fiel Stefan ein: „Er hat doch gesagt, die Bauersleute hätten einen Zweitschlüssel, damit sie im Notfall auf den Turm könnten", rief er, „den leihen wir uns aus." Die Bauersfrau erkannte sie wieder. „Ihr habt doch gestern dem alten Severin den Koffer getragen?" fragte sie. „Ja, er ist gut weggekommen." – „Ich habe gestern meine Jacke im Turm vergessen", stotterte Stefan, „könnten Sie uns vielleicht kurz den Schlüssel geben, damit ich sie holen kann?" Die Frau überlegte nicht lange und lief zum Schlüsselbrett in der Küche. „Schließt nachher wieder gut zu und bringt mir den Schlüssel gleich wieder zurück", sagte sie. „Das hat aber geklappt", jubelte Stefan, als sie zum Turm liefen. Sie schlossen die Tür auf und brachten den Schlüssel zurück. „So, habt ihr die Jacke?" fragte die Frau, schaute aber zum Glück nicht genauer hin.

In einem großen Bogen liefen die Jungen zum Turm zurück. Es war schon Spätnachmittag, kühl und schattig. Als sie in dem dunklen, kalten Turm standen, wurde ihnen seltsam zumute. „Blöd, daß wir die Tür nicht zuschließen können", meinte Stefan. „Wer weiß, wer da heute nacht hereinkommt." – „Wir verrammeln oben die Falltür", sagte Niko. Sie knipsten die Taschenlampen an und stiegen hinauf. Niko zog am Seil, die Falltür öffnete sich, und sie standen aufatmend in der kleinen Küche. Stefan stieß die Falltür rasch zu. Gemeinsam schoben sie die schwere Holzkiste darauf. „Die drückt so schnell keiner hoch", meinte Niko.

Im 9. Kapitel wird von einer aufregenden Nacht berichtet

Die Jungen öffneten die Tür zur Werkstatt. Alles war dort gut aufgeräumt, so kannten sie den Arbeitstisch gar nicht. Die Werkzeuge lagen im Kasten, die Holzstücke waren an der Wand aufgeschichtet, und die begonnenen Figuren standen im Regal. Auf einmal wußten die beiden nicht mehr, was sie tun sollten. „Ob wir uns den Speicher anschauen, bevor es vollends dunkel wird?" schlug Stefan schließlich vor. Sie stiegen die Bodenleiter hinauf. Da es oben nur ein kleines Dachfenster gab, war es schon fast dunkel. In einer Ecke entdeckte Niko eine alte Truhe. Sie stemmten den Deckel hoch. Es roch seltsam muffig. Alte Kleider lagen in der Truhe. „Sollen wir sie herausnehmen und uns verkleiden?" fragte Stefan. Aber Niko hatte keine Lust. Sie wühlten noch ein wenig im Gerümpel herum, fanden aber nichts, da es viel zu dämmrig war. So gingen sie wieder in die Küche hinunter.

„Ich habe ganz staubige Hände", sagte Niko. Sie gossen aus einem Kanister etwas Wasser in die Waschschüssel. Weil sie wußten, wie mühsam das Wasserholen war, gingen sie sehr sparsam damit um. Das Küchenfenster ging auf die rückwärtige Seite des Turmes hinaus. „Da sieht uns niemand", sagte Stefan, öffnete es und schüttete das Schmutzwasser hinunter. Sie stellten sich noch ans Fenster und schauten hinaus. Die Sonne ging unter, über dem Schneckenbach schwebten Nebelschwaden. Niko begann zu frösteln. „Kannst du Feuer machen?" fragte er.

Stefan legte dicke Holzscheite in den Ofen und hielt ein Streichholz daran. Aber das Holz brannte nicht. Nach einigen Versuchen gab er es auf. „Wir machen irgend etwas falsch", sagte er, „nur weiß ich nicht, was."

Nun bekamen sie Hunger. Jeder hatte sich ein Brot und eine Safttüte mitgebracht. Sie setzten sich auf die Ofenbank und aßen. Weil es im Zimmer schon so dämmrig war, knipsten sie eine Taschenlampe an. Niko schaute auf seine Armbanduhr. „Es ist erst sechs", sagte er. Dann begann er im Zimmer herumzuhüpfen, weil ihm kalt war. „Wo wollen wir denn schlafen?" fragte Stefan. Sie gingen in die Schlafkammer des Schnitzers. Auf dem Bett lag ein dickes Federbett. „Wir legen uns ins Bett, da frieren wir wenigstens nicht." – „Aber jetzt ist es doch noch viel zu früh." Sie fanden eine Kerze und Streichhölzer. „Sparen wir lieber unsere Taschenlampen", meinte Niko und zündete die Kerze an. Sie setzten sich wieder auf die Ofenbank. „Es ist so furchtbar still hier oben", seufzte Stefan. „Wie der Schnitzer das nur aushält!" – „Sollen wir denn wieder nach Haus?" fragte Niko. „Nein, eine Nacht verbringen wir auf jeden Fall hier", entgegnete Stefan. Niko war es ungemütlich. Aber im Dunkeln durch den Turm hinuntersteigen und heimzugehen, wäre noch ungemütlicher gewesen.

Weil es immer kälter wurde, holten sie das Federbett und wickelten sich hinein. „Lesen kann man auch nicht, dafür ist es zu dunkel", seufzte Niko. „Was der Schnitzer bloß immer abends macht?" fragte Stefan. „Er denkt sich Geschichten aus. Vielleicht betet er auch", fiel Niko plötzlich ein. „Wie kommst du denn darauf?" fragte Stefan.

Niko zögerte: „Der Pfarrer sagt doch, Jesus ist unser Freund, und man kann immer und überall mit ihm reden."

„Ich versuche das ja auch", sagte Stefan, „nur wäre es viel schöner, wenn er wirklich da wäre. Stell dir vor, er käme jetzt zur Tür herein, setzte sich zu uns, und wir würden richtig mit ihm sprechen". – „Ich glaube schon, daß er uns hört, wenn wir beten", sagte Niko nachdenklich, „und oft ist es ja auch so, als würde er uns antworten. Man weiß nach dem Beten eher, was man tun soll, oder man ist ruhiger und denkt: Ich habe ihm jetzt alles gesagt, jetzt soll er sich darum kümmern."

Als die Kerze heruntergebrannt war, gingen sie ins Bett. Sie zogen nur die Schuhe aus, stellten die Taschenlampe auf den Boden und wickelten sich in das Federbett. „Hoffentlich kommt keiner unten herein", sagte Stefan noch.

Mitten in der Nacht wachten sie durch ein seltsames Geräusch auf. Sie hörten in der Küche ein Scharren, dann klapperten Eisenringe, plötzlich fiel etwas klirrend zu Boden. Die Jungen klammerten sich aneinander und waren sprachlos vor Schrekken. Sie hörten, daß sich in der Küche etwas aufgeregt bewegte, es klang, als stoße etwas immer wieder an die Wand, dann war es wieder still, bis das Geräusch von neuem begann.

„Da ist doch jemand heraufgekommen", flüsterte Niko. „Wir müssen unsere Tür zustemmen."

Sie krochen leise aus dem Bett und drückten sich gegen die Kammertür. Stefan tastete am Schloß herum. „Da ist ein Riegel!" Vorsichtig schob er den Riegel vor. „Fürs erste sind wir sicher", flüsterte er.

Sie lauschten. Der Jemand in der Küche bewegte sich wieder sehr aufgeregt. Da, ein Poltern, Scherben klirrten! „Jetzt hat er einen Topf hinuntergeworfen!" sagte Niko. „Ob das der Turmgeist ist?" Stefan zitterte. „Der kommt auch durch verschlossene Türen."

Weil es so kalt war, krochen die Jungen wieder ins Bett. Allmählich ließen die Geräusche in der Küche nach, aber jedesmal, wenn sie wieder am Einschlafen waren, ging es von neuem los. Endlich wurde es Morgen. In der Küche war es nun ganz ruhig. „Vielleicht war es wirklich ein Gespenst", sagte Niko, „die verziehen sich ja am Tag."

Als es richtig hell war, schoben sie vorsichtig den Riegel zurück, und warfen einen Blick in die Küche. Was sahen sie da? Auf dem Boden lagen die Scherben eines Kruges und ein eiserner Ring vom Herd, die Töpfe auf dem Herd waren seltsam verschoben, auf dem Küchentisch aber saß eine Eule mit zerzaustem Gefieder. „Das Turmgespenst", lachte Stefan erleichtert. „Aber wie kommt die nur hier herein? Es war doch alles zu?" Niko öffnete das Küchenfenster weit. Die Eule wurde unruhig und flog hinaus. „Schau her", rief Stefan, „die muß durch den Herd in die Küche geraten sein." Die Eule war wirklich in den Kamin gefallen, im Herd gelandet und hatte sich einen Ausgang gesucht, indem sie die Ringe vom Herd hochgehoben hatte. „Dabei hat sie einige Federn gelassen", stellte Stefan fest.

„Mensch, war das eine aufregende Nacht!" lachte Niko. Sie räumten die Scherben weg, brachten erst die Küche und dann das Bett wieder in Ordnung. „Und jetzt?" fragte Stefan. „Jetzt könnten wir eigentlich wieder nach Hause gehen, ich habe nämlich großen Hunger", antwortete Niko, „nur weiß ich nicht, wie wir den Turm wieder verschließen können. Wir dürfen ihn doch nicht offen stehen lassen, aber zu den Bauersleuten möchte ich nicht noch einmal. Dann käme ja heraus, daß wir hier eingebrochen sind." Während sie noch unschlüssig dastanden, klopfte es an die Falltür. „He, aufmachen!" Es war die Stimme des Schnitzers. Die Jungen erschraken und schleppten die Holzkiste weg.

Severin Brückenschlag kam herauf und schaute sie verärgert an. „Was tut denn ihr hier? Unten ist die Tür nicht verschlossen, da kann ja jeder hereinkommen!" Erst jetzt wurde Niko richtig klar, daß sie das nicht hätten tun dürfen. „Wir wollten einmal

auf dem Turm übernachten", stotterte er. Severin stellte seinen Rucksack in eine Ecke. „Warum habt ihr mich nicht gefragt?" Seine Stimme klang zornig, aber auch enttäuscht. Er setzte sich auf die Ofenbank und zog seine Stiefel aus. Ja, warum hatten sie eigentlich nicht gefragt? Stefan und Niko standen unschlüssig herum. Sie wußten nicht, was sie tun sollten. Endlich sagte der Schnitzer barsch: „Holt mir den Koffer herauf, er steht noch unten!" Erleichtert rannten sie die Treppe hinunter.

Der Koffer war viel leichter als gestern, also hatte er wohl seine Figuren alle verkauft. Als sie oben ankamen, machte Severin schon Feuer im Herd und stellte Wasser auf. Er sagte immer noch nichts. „Entschuldigung", brachte Stefan heraus, „wir hatten überhaupt nicht daran gedacht, daß es Sie ärgern würde. Wir wollten Sie nicht kränken." – „Wir wollten einfach einmal ein richtiges Abenteuer erleben, mehr haben wir nicht gedacht", fügte Niko hinzu. „Und gab es ein Abenteuer?" fragte der Schnitzer. Um seine Augen verzogen sich die Falten zu einem Lächeln. Da erzählten sie ihm von der Eule und ihrer Angst. Inzwischen kochte das Wasser, Severin brühte Tee an, zog ein Stück Hefekranz aus dem Rucksack und lud die beiden zum Frühstück ein. „Ich bin mit dem ersten Bus zurückgefahren. Ein Tag in der Stadt hat mir gereicht. Den Lärm und die Unruhe dort ertrage ich einfach nicht mehr." – „Und uns war es unheimlich vor lauter Stille", erzählte Niko.

Nach dem Frühstück wurde der Schnitzer wieder ernst. „Ich hatte geglaubt, wir seien so etwas wie Freunde. Darum durftet ihr immer zu mir kommen. Ich habe euch alles hier gezeigt, ihr durftet wissen, wie ich hier oben lebe. Jetzt seid ihr bei mir eingebrochen. Hätte ich nicht recht, wenn ich den Turm jetzt immer vor euch verschließen würde?" – „Doch", sagten die beiden schuldbewußt. „Dann würde ich wieder allein hier oben hausen und bekäme keinen Besuch, und ihr würdet denken: dort oben ist einer, den wir mögen, aber wir kommen nicht mehr zusammen. Es tut immer weh, wenn eine Freundschaft wieder aufhört. Fangen wir also wieder neu an. Ich vergesse, was ihr getan habt. Und ihr habt so viel Vertrauen, daß ihr das nächste Mal fragt, wenn ihr etwas wollt. Einverstanden?" Er reichte ihnen die Hand. „Danke, daß wir wieder kommen dürfen", sagte Niko.

Als sie durch die mit Reif bedeckten Wiesen nach Hause gingen, fragte Stefan: „Wie machen wir es nun mit unseren Eltern?" – „Keine Heimlichkeiten mehr", beschloß Niko, „alles sagen, auch wenn sie entsetzt sind."

Niko, Anne und Katrin beschäftigen im Advent unterschiedliche Dinge. Ihr lest darüber im 10. Kapitel

Bald nach den Herbstferien begannen die trüben Novembertage mit viel Regen und Nebel. An manchen Tagen brannte von morgens bis abends in den Häusern das Licht. Nun fing auch die eigentliche Kommunionvorbereitung an. Der Pfarrer sagte: „Jesus will euer Freund sein. Freunde müssen sich immer besser kennenlernen." Er erzählte ihnen viele Begebenheiten aus dem Leben Jesu und ermutigte sie, mit Jesus zu sprechen wie mit einem Freund.

Und dann war schon Advent.

Eines Abends sagte Mama zu Niko: „Dein Vater hat heute im Geschäft bei mir angerufen. Du sollst in den Weihnachtsferien zu ihm kommen." Niko wußte nicht, ob er sich freuen sollte. An Weihnachten war er noch nie von zu Hause weg gewesen. „Dann bist du ja ganz allein." – „Ich dachte, ich könnte zu Oma fahren. Sie kann ja nicht mehr reisen." Niko zögerte. „Es ist so", erklärte Mama, „du sollst einmal im Jahr in den Ferien zu Papa. Nun hat er mir gesagt, daß er im Sommer wenig Zeit hat, daß es ihm jetzt aber gut passen würde. Ich darf mich nicht dagegen wehren, denn bei unserer Scheidung wurde das so vereinbart." – „Ich weiß ja gar nicht, wo Papa wohnt. Bringst du mich dann hin oder holt er mich ab?" – „Das wollte er noch schreiben, es ist ja auch noch Zeit bis dahin." Niko wußte eigentlich nur, daß Papa in Köln wohnte. Das war weit weg, man mußte fast einen ganzen Tag lang mit der Eisenbahn fahren. Aber wie wohnte er?

Hatte er ein Haus für sich, oder wohnte er in einem Hochhaus? Niko war noch nie bei Papa in Köln gewesen. In den letzten Jahren hatte er ihn immer irgendwohin in die Ferien mitgenommen, mal ins Gebirge, einmal ans Meer.

Seit dem Frühjahr war Papa wieder verheiratet. Wie diese Frau wohl war? Ob sie sich überhaupt freute, wenn Niko kam? Wenn doch wenigstens Mama mitkommen würde! Aber das ging ja gerade nicht. Nein, Niko wußte wirklich nicht, ob er sich freuen sollte.

Anne saß mit der Mutter am Tisch und bastelte Goldsterne. Paul und Ina konnten noch nicht mitmachen, aber sie bekamen auch jedes ein Stück Goldfolie und falteten eifrig daran herum. Ina hielt ihr Papier immer wieder gegen die Lampe und freute sich, weil sich das Licht darin spiegelte. Anne faltete einen Stern und legte ihn Paul aufs Haar. Er schüttelte ihn immer wieder ab und legte ihn sich wieder neu auf den Kopf.

Später räumten sie alles weg, Mutter zündete ein Licht am Adventskranz an und schaltete das elektrische Licht aus. Sie nahm Ina auf den Schoß, Anne setzte Paul zu sich und sang mit Mutter zusammen Adventslieder. „Wie hell doch das eine kleine Licht unser Zimmer macht", sagte Anne, „obwohl alles dunkel ist, strahlt es unsere Gesichter so an, daß wir uns alle gut sehen können."

„Ja", sagte die Mutter, „bei diesem Kerzenlicht merken wir auf einmal, wie sehr wir zusammen gehören." – „Und ich gehöre auch dazu!" Das war Papa. Sie hatten gar nicht bemerkt, daß er ins Zimmer gekommen war. Er setzte sich zu ihnen und sang das nächste Lied mit. Wie schön das klang, mit seiner kräftigen Stimme!

Anne fiel ein, was der Pfarrer im Unterricht gesagt hatte, als sie über den Advent sprachen. „So ein Licht, das alles hell und warm macht, ist Jesus. Er gibt seine Liebe so weiter, wie eine

Kerze ihr Licht und ihre Wärme." Jetzt spürte Anne etwas davon und schaute Mama, Papa und Paul-Ina dankbar an.

Für Katrin waren diese Adventswochen sehr anstrengend. Sie mußte fast jeden Mittag mit Oma in die Stadt gehen. Zuerst schauten sie die Schaufenster an, dann liefen sie durch die Kaufhäuser. Schließlich wurde eingekauft. Katrin half Oma, die Taschen und Tüten tragen. Zu Hause wurde alles angeschaut. Oft gefiel es Oma dann doch nicht so recht, und sie mußten am nächsten Tag wieder in die Stadt und umtauschen. Katrin wäre gern manchmal daheim geblieben, und auch Oma strengte die Einkauferei an, aber es fiel ihr immer wieder etwas ein, was sie noch brauchte.

Danach begann Oma Päckchen zu packen. Dabei half ihr Katrin gern. Die Päckchen mußten aber zur Post gebracht werden. So waren sie wirklich dauernd unterwegs.

„Könnte man doch die Schenkerei aufs ganze Jahr verteilen!" stöhnte Oma manchmal.

Wenn Katrin dann abends mit den Eltern zu sich nach Hause fuhr, ging das alles von vorn los. Ihre Mutter hatte auch eingekauft und zeigte Papa und Katrin alles, auch hier wurden Päckchen gepackt. Katrin durfte sehen, was sie zu Weihnachten bekommen sollte: eine rosarote Tasche und einen Daunenanorak. „Das Neueste, was es gerade gibt", sagte Mama stolz. Die Puppe mit dem echten Haar hatte sie sich selbst ausgesucht.

Überall türmten sich die Päckchen, dabei wurden alle immer nervöser. „Backst du einmal mit mir Plätzchen?" fragte Katrin ihre Mutter. Die sah sie entsetzt an. „Dafür hab ich doch keine Zeit, das soll Oma mit dir machen." Aber Oma sagte: „Das mach ich lieber am Vormittag allein, dann hab ich meine Ruhe, und alles geht schneller." Katrin durfte nach der Schule Omas Gebäck versuchen, aber sie hätte so gern auch selbst einmal etwas gebacken.

„Gott liebt die Menschen so sehr, daß er seinen Sohn auf die Erde schickt. Gott schenkt uns seinen Sohn. Darum beschenken wir Menschen uns an Weihnachten", hatte der Pfarrer gesagt. „Stimmt das denn?" fragte sich Katrin. „Wer denkt beim Schenken eigentlich noch an Gott oder Jesus?"

Im 11. Kapitel erzählt Severin die Geschichte vom Hirten

Die Kinder waren schon lange nicht mehr auf dem Turm gewesen.

Weil es so früh dunkel wurde, begleitete Annes Vater die vier Freunde an einem Samstagnachmittag zum Schnitzer. Der war gebeugter als sonst und humpelte. „Dieses feuchte Wetter spüre ich in allen Knochen", klagte er. Aber er schien sich über den Besuch zu freuen. Er hantierte in der Küche herum und brachte ein Blech mit Äpfeln herein, das er ins Rohr des Kachelofens schob. „Bratäpfel! Fein!" rief Anne. Sie setzten sich auf die Ofenbank. Der Schnitzer hatte sein Werkzeug schon weggeräumt und zündete die Petroleumlampe an. Nun war es ganz heimelig in der Stube. Auf dem Tisch stand die Figur eines Hirten. „Sie ist heute fertig geworden", sagte Severin und betrachtete sie aufmerksam. „Das ist noch ein junger Hirte", meinte Stefan. „Haben Sie sich für ihn auch eine Geschichte ausgedacht?" fragte Katrin. Der Schnitzer nickte. „Oh, erzählen Sie sie uns", bat Anne. „Weißt du, Papa, er kann so schöne Geschichten erzählen." Während sie gemütlich am warmen Ofen saßen, und der Duft der Bratäpfel durchs Zimmer zog, begann Severin Brückenschlag zu erzählen.

Der Hirte

Benjamin hütete zusammen mit anderen Hirten bei Betlehem die Schafe. Er war noch jung, viel jünger als die anderen Hirten, aber er machte seine Arbeit gut. Wenn er am Feuer Nachtwache halten sollte, schlief er nicht ein, wie etwa der alte Elias. Er horchte hinaus in die Stille und konnte das Knacken eines Astes im Wind sehr wohl von dem Geräusch unterscheiden, das entstand, wenn ein Wolf oder ein anderes wildes Tier durchs Gestrüpp schlich. Hatte ein Schaf sich verlaufen, machte er sich als erster auf die Suche. Er wußte ja, daß es den älteren Hirten Mühe machte, querfeldein zu gehen und weit zu laufen, bis man das verlorene Schaf wiedergefunden hatte.

Benjamin war nicht ungern mit den Hirten zusammen. Aber sie waren so schweigsam. Hin und wieder erzählte einer eine Geschichte, die sie alle schon lange kannten. Wenn aber Benjamin sie etwas fragte oder ihnen etwas erzählten wollte, was er beobachtet hatte, nahmen sie ihn nicht ernst oder hörten ihm nicht richtig zu. Am Berghang gab es im Fels mehrere Höhlen, in denen die Hirten nachts abwechselnd schliefen und ihre Sachen aufbewahrten. Bei Tag zogen sie mit den Herden oft weit umher, aber nachts kamen sie in die Nähe der Höhlen zurück. Benjamin besaß eine kleine Höhle für sich. Sein Lager bestand aus Heu, das er mit Schaffellen zugedeckt hatte. In der Felswand waren einige Nischen. Dort bewahrte er seine Habseligkeiten auf. In einem Fach standen irdene Töpfe mit Käse. Keiner der Hirten konnte aus Schafsmilch so guten Käse machen wie Benjamin. An der Wand hing seine Hirtentasche, die er sich aus Schafsleder selbst genäht hatte. Außerdem hatte er eine Feuerstelle in seiner Höhle.

Eines Abends saß Benjamin am Hirtenfeuer und blickte zum Himmel. Dort strahlte ein besonders heller Stern, den er noch nie gesehen hatte. Er hätte ihn gern jemandem gezeigt, aber der alte

Elias schlief schon wieder, und auch die anderen traute er sich nicht zu stören. „Ich sollte einen Freund haben", dachte Benjamin, „mit ihm könnte ich über den Stern reden." Die anderen Hirten brauchten ihn, weil er jung war, manchmal dankten sie ihm auch, und er spürte, daß sie ihn mochten, aber Freunde – nein, das waren sie nicht.

Eines Morgens, als sie eben mit den Herden aufbrechen wollten, kam der alte Baruch mit einem Jungen auf die Hirten zu. Baruch war ein Händler. Er suchte die Hirten immer wieder auf, kaufte ihnen Felle, Wolle und Fleisch ab und brachte diese Waren auf den Markt nach Jerusalem. Auf dem Rückweg brachte er den Hirten wieder Dinge mit, die sie benötigten: Salz und Gewürze, Stoff oder Geräte.

„Friede sei mit euch", rief Baruch. Dann stellte er den Hirten seinen Sohn Daniel vor. „Ich bin zu alt für mein mühsames Geschäft", sagte er, „von nun an soll Daniel für mich auf den Markt gehen." Benjamin blickte Daniel an. Er war kaum älter als er und schaute vergnügt und unternehmungslustig drein. Während die Hirten und Baruch miteinander redeten, ging Benjamin auf Daniel zu und sprach ihn an: „Jerusalem muß eine tolle Stadt sein?" Obwohl die Stadt so nahe bei Betlehem lag, war Benjamin noch nie dort gewesen. Da begann Daniel von den Stadttoren und dem Tempel zu erzählen, vom Palast des Herodes, von den vielen Menschen, die durch die Gassen eilten, von den römischen Soldaten und dem Treiben auf dem Markt. Benjamin wurde fast schwindelig von all dem, was er da hörte.

Nun kam der Hirte Josua auf die beiden zu und sagte: „Daniel, komm heute abend wieder, dann wollen wir dir einige Waren mitgeben für den Markt in Jerusalem. Wenn wir mit dir zufrieden sind, werden wir in Zukunft so mit dir Handel treiben, wie bisher mit deinem Vater." Daniel bedankte sich und versprach, am Abend wieder zu kommen. „Erzählst du mir dann mehr von Jerusalem?" bat Benjamin. Daniel nickte, und Benjamin freute sich den ganzen Tag darauf.

Am Abend übergab Josua Daniel ein Bündel Felle und einen Sack Wolle. Sie handelten den Preis aus und besprachen, was Daniel aus der Stadt mitbringen sollte. Auch setzte Josua fest, wieviel Geld Daniel für seine Dienste bekommen sollte.

Benjamin beobachtete die beiden aus einiger Entfernung, und als Daniel gehen wollte, lud er ihn in seine kleine Höhle ein. Er bot ihm von seinem Käse an und bat Daniel, ihm noch mehr von Jerusalem zu erzählen. Daniel redete und redete, und Benjamin lauschte gebannt. Als er nichts mehr zu erzählen wußte, zeigte Benjamin ihm vom Höhleneingang aus den hellen Stern. „Ob er etwas Besonderes bedeutet?" fragte er. „Das weiß ich nicht", entgegnete Daniel, „aber es ist schön, mit dir vor der Höhle zu sitzen und den Nachthimmel zu betrachten." Benjamin freute sich. Ob Daniel sein Freund werden konnte? Einer, mit dem man alles bereden konnte, der einen aber auch verstand, wenn man nichts sagte?

Aber bald fröstelte Daniel. Er ging in die Höhle zurück, wo er seine Hände am Feuer wärmte. Dabei fiel sein Blick auf die Hirtentasche. „So eine sollte ich haben", rief er und befühlte sie, „genau so eine Tasche fehlt mir, wenn ich unterwegs bin." Dann nahm er sein Fellbündel unter den Arm, warf den Wollsack über die Schulter, grüßte Benjamin und verschwand in der Dunkelheit.

In jeder freien Minute nähte nun Benjamin an einer Hirtentasche für Daniel. Es war nicht so leicht, das Leder zu schneiden und zusammenzunähen. Oft taten ihm die Finger erbärmlich weh. Trotzdem machte es ihm Freude, denn beim Nähen fiel Benjamin so vieles ein, was er Daniel erzählen wollte. Er freute sich sehr auf dessen Kommen und hielt jeden Tag Ausschau nach ihm.

Nicht lange, nachdem die Hirtentasche fertig war, kam Daniel zurück. Er hatte alles zu Josuas Zufriedenheit erledigt. Als er endlich in Benjamins Höhle kam, sagte dieser: „Ich habe eine Überraschung für dich!“ und zog die Hirtentasche unter seinem Lager hervor. Daniel öffnete die Tasche, befühlte das Leder, beschaute die verschiedenen Fächer und sagte schließlich: „Sehr schön, vielen Dank.“ Dann hing er sich die Tasche um, setzte sich ans Feuer und erzählte von einem herrenlosen Hund, der ihn lange Zeit begleitet hatte. Die Tasche erwähnte er den ganzen Abend nicht mehr.

Benjamin war ein wenig enttäuscht. Konnte sich Daniel nicht vorstellen, wieviel Mühe er sich mit der Tasche gegeben hatte? Heimlich hatte er auch gewünscht, daß Daniel ihm etwas aus der Stadt mitbringe. Aber an so etwas dachte Daniel überhaupt nicht. Daniel erzählte die ganze Zeit über so vieles, daß Benjamin gar nicht dazu kam, ihm auch nur weniges von dem zu erzählen, was er sich vorgenommen hatte. Aber Daniel fragte ihn auch nichts. Beim Abschied sagte er: „Du mußt unbedingt einmal mit mir nach Jerusalem kommen.“ Diese Einladung machte Benjamin wieder froh.

Daniel besuchte die Hirten regelmäßig. Wenn er weg war, dachte Benjamin viel an ihn und sein Leben in der Stadt. Während er mit den Schafen über die Weiden zog, stellte er sich vor, Daniel ginge neben ihm her und sie redeten miteinander. Wenn Daniel aber dann kam, war alles anders. Daniel kam gern zu ihm, das spürte er – aber es war immer dasselbe: Daniel aß gern von Benjamins kargen Vorräten, aber er brachte ihm nie etwas mit; Daniel erzählte und erzählte, aber er interessierte sich eigentlich nicht für die Dinge, die Benjamins Leben ausmachten; oft versprach er ihm etwas, aber er hielt sein Versprechen nicht ein, und wenn Benjamin ihn daran erinnerte, hatte er alles längst vergessen. Auch die Hirtentasche hatte er nicht mehr. Als

Benjamin ihn einmal danach fragte, antwortete er verlegen, er habe sie einem alten Mann geschenkt. „Bin ich nun sein Freund?" fragte sich Benjamin. Daniel sagte das zwar, und wenn er dann lebhaft redete und seine Hand auf Benjamins Arm legte, glaubte er es auch. Aber warum war er dann auch immer irgendwie traurig, wenn er mit Daniel zusammen war? Er merkte, daß etwas in ihm leer blieb, daß etwas fehlte, was Daniel ihm eigentlich hätte schenken sollen.

„Du mußt einmal mit mir nach Jerusalem kommen!" Wie oft hatte Daniel das schon gesagt! Und während er es sagte, meinte er es auch wirklich so. Benjamin hatte keinen größeren Wunsch. Nun bot sich eine günstige Gelegenheit: Sein jüngerer Bruder war bereit, ein paar Tage lang die Schafe für ihn zu hüten. Benjamin malte sich aus, wie er mit Daniel durch das Stadttor schritt, wie Daniel ihm alles zeigen und wie er ihn seinen Freunden vorstellen würde – denn Daniel hatte sehr viele Freunde, bei jedem Besuch erzählte er von anderen.

Als Daniel wiederkam, rannte Benjamin ihm entgegen und rief freudig: „Dieses Mal kann ich mit dir kommen!" Daniel war etwas verlegen und sagte: „Gerade jetzt wollen mich zwei Freunde aus Jericho besuchen. Ich habe versprochen, ihnen die Stadt zu zeigen. Und für mehr Leute habe ich wirklich nicht Platz. Das verstehst du doch?" – „Bin ich nicht auch ein Freund?" dachte Benjamin tief enttäuscht. Und er wußte auf einmal ganz sicher, daß er für Daniel lange nicht so wichtig war, wie dieser für ihn.

Trotzdem war immer Daniels erster Weg, wenn er seine Geschäfte mit Josua erledigt hatte, zu Benjamin. Er klopfte ihm auf die Schulter, er lachte: „Da bin ich wieder", und wenn sie beisammen saßen und Daniel erzählte, vergaß Benjamin seine Enttäuschung.

In den letzten langen Nächten hatte Benjamin ein Lied

gedichtet, ein Lied auf König David. Er hatte vieles über die Stadt Jerusalem hineingedichtet, was Daniel ihm erzählt hatte. Seine Lieder hatten bisher den anderen Hirten immer gut gefallen. Dieses Lied aber war besonders schön, denn er hatte es für Daniel gedichtet. Und wie sie so vertraut vor dem Höhleneingang saßen, fragte er zaghaft: „Darf ich dir mein Lied vorsingen, mein Lied auf den großen König David?" – „Laß hören!" freute sich Daniel. Und Benjamin sang mit immer kräftiger werdender Stimme sein Lied.

Als er geendet hatte, sah er Daniel erwartungsvoll an. „Hübsch", sagte der und gähnte, „wirklich sehr hübsch. Aber an einigen Stellen reimt es sich nicht ganz." Das war alles. Benjamin konnte nicht mehr mit Daniel reden. Hatte er wirklich nichts anderes zu sagen? Warum war er nur so dumm gewesen und hatte ihm vorgesungen! Daniel bemerkte Benjamins Verstimmung und sagte beim Abschied: „Dein Lied war wirklich gut." Aber jetzt glaubte es Benjamin nicht mehr.

In dieser Nacht konnte er lange nicht einschlafen. Er hatte geglaubt, in Daniel endlich einen Freund zu haben, aber das war doch kein Freund! Und trotzdem hatte er ihn so gern, daß er nicht einfach sagen konnte: „Ich will von dir nichts mehr wissen!"

Ja, und in dieser Nacht geschah auch das Wunder, daß der Engel den Hirten verkündete, der Heiland sei geboren, und daß sie sich aufmachten, das Kind zu suchen. Benjamin stand ziemlich hinten im Stall. Er wußte, daß den Älteren der Vortritt gebührte: so streckte er sich und blickte über Josuas Schulter. Da sah er ein kleines Kind in der Krippe liegen. Seltsam, obwohl es doch neu geboren war, hatte es die Augen offen und blickte sie alle an.

Benjamin wartete in seiner Ecke, bis sich die Hirten an dem Kindlein sattgesehen hatten und sich wieder auf den Rückweg machten. Dann blieb er allein mit Maria und Josef im Stall, aber er sah nur das Kind an.

Auf einmal hörte er, wie es zu ihm sprach. Dabei öffnete es den Mund nicht und sah ihn nur an, aber er hörte genau, wie es sagte: „Du hast Kummer, Benjamin." – „Ja", erwiderte er ebenso lautlos, aber er wußte genau, daß das Kind ihn verstand. „Ich hätte so gern Daniel als Freund, aber er will oder kann nicht mein Freund sein." – „Ich weiß", sagte das Kind, „er ist ganz anders als du. Er braucht viele und verschiedene Menschen um sich. Er mag dich schon, aber nicht so, wie du es erwartest." Benjamin mußte wieder daran denken, daß Daniel seine Tasche verschenkt hatte, daß er ihm nie etwas mitbrachte, ihn nicht einlud, immer nur selbst reden wollte und sein Lied nicht verstanden hatte. „Du hast ihn in dein Herz genommen", sagte das Kind wieder, „darum tut dir das alles auch so weh." – „Woher weißt du denn, wie das ist?" stammelte Benjamin. „Weil es mir mit euch manchmal so geht, wie dir mit Daniel. Ich habe euch doch alle in mein Herz genommen, ob ihr es wollt oder nicht, ob ihr es merkt oder nicht." – „Du hast uns in dein Herz genommen?" Benjamin horchte auf und sah das Kind an. „Mich auch? Dann bist du ja mein wirklicher Freund!" Benjamin fühlte sich glücklich wie nie zuvor.

Auf dem Heimweg sagte Stefan: „Ich hätte dem Daniel schon beigebracht, wie sich ein richtiger Freund benimmt." – „Ich finde auch, er war schäbig", stimmte Anne ihm zu. „Er hätte doch dem Benjamin einmal etwas aus Jerusalem mitbringen können!" – „Vielleicht kam er einfach nicht auf die Idee, daß Benjamin auf so etwas wartete?" meinte Katrin.

Niko war etwas zurückgeblieben. Dieser Daniel aus der Geschichte erinnerte ihn an seinen Vater. Der vergaß auch zu danken oder nahm alles so selbstverständlich. Zum Geburtstag hatte er ihm doch eine Buchhülle gebastelt. Bisher hatte er noch nicht gehört, ob das Päckchen überhaupt angekommen war. Auch auf seinen Brief hatte Papa immer noch nicht geantwortet. Und wie oft schon hatte der Vater Niko versprochen, mit ihm ins Deutsche Museum nach München zu fahren. Aber das klappte nie. Trotzdem war der Vater wirklich nett, wenn sie zusammen waren. Wie bei Daniel und Benjamin!

„Jesus", sagte Niko, „du weißt, wie das zwischen Vater und mir ist. Verstehst du, daß mir da oft etwas fehlt?"

Wie Niko Weihnachten feiert, lest ihr im 12. Kapitel

Nun war es also abgemacht. Niko sollte nach Köln fliegen. „Ich kann ihn unmöglich abholen“, hatte Papa am Telefon gesagt. Am 23. Dezember sollte er fliegen, Papa wollte dann zum Flugplatz kommen. „Ausgerechnet in diesem Weihnachtstrubel“, schimpfte Mama. Aber sie versprach, Niko in die nächste Großstadt zum Flugplatz zu bringen. „Dann brauchen wir dieses Jahr keinen Christbaum – wenn du nicht da bist“, sagte sie. Niko fand das seltsam. Überhaupt gab es bei ihnen keine von all den Weihnachtsvorbereitungen, von denen die anderen Kinder erzählten. Sie hatten in der Schule einen Leuchter aus Ton geformt, den wollte er Mama schenken. Er hatte eine Kerze dazu gekauft und Mama ein Bild gemalt. Aber was sollte er Papa schenken? Er hatte sich ja noch nicht einmal für das Geburtstagsgeschenk bedankt. Nein, basteln wollte er ihm nichts mehr. „Kauf ihm eine Schachtel Pralinen“, riet Mama und gab ihm sogar das Geld dazu. „Er hat immer so gern Süßes gegessen.“ Aber Niko wollte ihm doch etwas Eigenes schenken. Plötzlich fiel ihm etwas ein. Er kaufte eine Packung Briefpapier und schrieb auf mehrere Kuverts seine, Nikos Adresse. Er klebte auf jedes Kuvert eine Briefmarke. „Vielleicht schreibt er mir dann eher einmal, wenn er nicht noch die Adresse schreiben und nach einer Marke suchen muß“, dachte er.

Niko war noch nie geflogen. Aufgeregt beobachtete er das Getümmel auf dem Flugplatz. Mama gab den Koffer auf und

begleitete ihn in die Abfertigungshalle. „Schade, daß du an Weihnachten nicht bei mir bist", sagte sie und gab ihm einen Kuß. „Aber ich wünsche dir trotz allem ganz schöne Tage mit Papa." Zögernd fügte sie hinzu: „Grüß ihn auch von mir." Eine Stewardess nahm Niko an der Hand. Er schaute sich noch einmal um. Mama stand allein da, winkte ihm zu und versuchte zu lächeln. Da tat sie ihm auf einmal sehr leid.

Mit einem Bus fuhren sie über den Flugplatz zum Flugzeug. Niko durfte als erster einsteigen. Die Stewardess zeigte ihm, wie er sich anschnallen sollte. Niko schaute aus dem kleinen Fenster und wartete. Endlich kam der Start. Das Flugzeug fuhr schneller und schneller. Als Niko gerade dachte: „Noch schneller kann es ja gar nicht gehen", hob es vom Boden ab und stieg steil in die Höhe. Wie klein die Häuser da unten schon waren! Und die Autos auf der Autobahn! „Siehst du den See da unten?" fragte er laut. Aber er war ja allein. Es war keiner da, dem er hätte erzählen können, was er sah. Der Mann neben ihm las so aufmerksam seine Zeitung, daß er Niko gar nicht bemerkte.

Nun flogen sie durch Nebel, aber kurz darauf war der Himmel ganz blau, und unter ihnen lagen die Wolken wie Watte. Wenn doch Mama oder Stefan da wären! Es war alles so aufregend und schön, was er da sah, aber er konnte mit niemand darüber sprechen.

Die Stewardess brachte ihm ein Glas Saft. „Geht's dir gut?" fragte sie, aber bevor er antworten konnte, war sie schon wieder weg. Bald flogen sie wieder durch Wolken, und als sie landeten, war unten häßliches Regenwetter.

Die Stewardess begleitete Niko zum Ausgang. Er blickte sich suchend um. Da stand Papa. Niko eilte auf ihn zu. „Mensch Junge, du bist aber gewachsen", rief er. „War der Flug schön?" Ehe Niko antworten konnte, kam eine Frau auf ihn zu, drückte seine Hand und sagte: „Ich bin Tante Sabine." Das war also

Papas neue Frau. Sie glich sogar Mama ein wenig. Während sie zum Auto gingen, redete sie fortwährend auf Niko ein, aber sie wartete seine Antworten gar nicht ab.

Niko durfte in Papas Arbeitszimmer schlafen. Papa hatte ihm ein paar Bücher hingelegt. Tante Sabine fragte, was er gern esse. Sie konnte gut kochen. Aber sie ließ ihn nie mit Papa allein. Ob Papa mit ihm ins Museum oder in den Zoo ging oder am Rhein entlang spazierte – immer war sie dabei. Sie redete und lachte viel, aber Niko hatte den Eindruck, daß er sie im Grunde nur störte, und daß sie froh war, daß er bald nach den Feiertagen wieder abreiste. Er hatte Papa so vieles erzählen wollen vom Flug, vom Schnitzer und vom Turm zum Beispiel, von seinen Freunden und der Schule, aber er kam einfach nie dazu. Manches wollte er auch nicht vor Tante Sabine sagen. So saß er meistens in einer Ecke und las.

Weihnachten feierten sie auch anders als zu Hause. Sie hatten einen kleinen Christbaum, sie sangen aber nicht, sondern verteilten nur die Geschenke und saßen dann lange beim Essen. Mit Mama war es immer viel schöner gewesen. Sie spielte Lieder auf dem Klavier, las ihm, solange die Kerzen am Baum brannten, eine Weihnachtsgeschichte vor und ging mit ihm in die Christmette. Dort war dann alles so feierlich und schön.

„Ich möchte an Weihnachten in die Kirche", hatte Niko zaghaft zu Papa gesagt. Aber Tante Sabine wollte am Weihnachtsabend nicht noch mal aus dem Haus, und am nächsten Morgen schliefen sie aus. Erst am Nachmittag sagte Papa: „Komm, wir fahren zum Dom, dort schauen wir uns die Krippe an." Der Dom war unheimlich groß. Papa erklärte Niko einiges, aber es war kalt und zugig, und Tante Sabine drängte zum Heimgehen. „Die Krippe möchte ich wenigstens noch sehen", bat Niko. Während er das Kind in der Krippe anschaute, fiel ihm die Geschichte vom Hirten ein.

„Jesus", sagte er, „Papa ist gar nicht mehr mein Freund. Wir sind uns so fremd. Warum ist ihm diese blöde Tante Sabine nur so wichtig? Es ist nur so schwer, weil ich ihn doch noch so gern habe." Und Niko glaubte – so wie in der Geschichte Benjamin – zu hören, daß das Kind zu ihm sagte: „Du hast ihn in dein Herz genommen. Ich verstehe gut, wie das ist."

Bevor Niko zurückfuhr, fragte er Papa: „Kommst du zu meinem Weißen Sonntag?" – „In den Osterferien fahren wir nach Italien", sagte Tante Sabine, bevor Papa antworten konnte. Er wurde verlegen. „Ich überlege es mir noch. Ich gebe dir auf jeden Fall Bescheid, Niko."

Im 13. Kapitel erzählt Severin die Legende vom 4. König

In der letzten Woche der Weihnachtsferien wurde es sehr kalt. Es schneite, und der Schnee blieb liegen. Die Kinder konnten sich beim Schi- und Schlittenfahren richtig austoben. Doch am letzten Ferientag schlug Anne vor: „Wir sollten wieder einmal nach Severin Brückenschlag sehen." Niko war wieder zurück, und die Kinder trafen sich gleich nach dem Mittagessen. Der Schneckenbach war vom Rand her zugefroren, und der Steg durch Schnee und Eis recht rutschig. „Halt dich gut fest", rief Stefan Katrin zu. Nun mußten sie durch tiefen Schnee den Hügel hinaufstapfen. „Wir sollten dem Schnitzer einen Weg bahnen", meinte Niko. Der war dankbar dafür, gab ihnen eine Schaufel und Spaten und sagte: „Wenn ihr fertig seid, kommt herauf und wärmt euch. Ich koche euch schon mal einen Apfelpunsch."

Draußen im Schnee war es viel wärmer als drinnen im Turm. Seine Innenwände waren im unteren Teil mit Eis bedeckt. Wie wohlig warm war es aber dafür in der Werkstatt! „Jetzt stärkt euch", sagte der Schnitzer und reichte ihnen Becher mit heißem Apfelsaft. Er ging an sein Regal, nahm eine Figur heraus und sagte: „Dieser König war meine Arbeit über die Weihnachtstage."

„Ist das einer der Heiligen Drei Könige?" fragte Katrin.

Der Schnitzer lächelte. „Nein", sagte er, „das ist der vierte König." – „Der vierte König?" staunten die Kinder. „Ja, der

vierte König, und er ist mir der liebste. Wenn ihr wollt, werde ich euch seine Geschichte erzählen." Er stellte die Figur so auf den Tisch, daß sie sie gut sehen konnten, und begann.

Die Legende vom vierten König

Die Legende erzählt, daß sich außer den heiligen drei Königen auch noch ein vierter König aufgemacht hat, um das Christuskind zu suchen. Auch er folgte dem Stern und wartete mit Freuden darauf, den neugeborenen König zu finden, ihm seine Geschenke zu bringen und ihn anzubeten.

Der vierte König war jung und stark und hatte ein fröhliches Herz. Er sang und pfiff, während er so dahinritt. Immer wieder befühlte er die Satteltaschen seines Pferdes, in denen die Geschenke für das Kind waren: Perlen, Edelsteine und ein Ballen feinster Leinwand. Er war ganz zuversichtlich, daß er das Kind finden würde, und er malte sich aus, wie er ihm einige Kunststücke auf seinem Pferd vorführen würde – er konnte da so allerlei –, denn wenn das Kind auch Gottes Sohn war, so war es doch ein Kind, das sicher gern lachte und sich über seine waghalsigen Kunststücke freuen würde.

An einem Abend blieb der Stern über einer armseligen Hütte stehen. Der vierte König stieg vom Pferd und klopfte neugierig an. Da fand er in der Hütte eine arme Familie. Die Kinder kamen auf ihn zu und schauten ihn mit großen Augen an. Sie waren nur dürftig bekleidet, waren ganz abgemagert und sahen krank aus. „Ich kann nicht mehr arbeiten", sagte der Vater, „und wenn es so weitergeht, werden wir bald verhungern." Die armen Leute taten dem König so leid, daß er das Säckchen mit den Perlen aus der Satteltasche holte und es ihnen schenkte. „Der kleine König wird schon verstehen, daß ich hier helfen mußte", dachte er.

Es war seltsam, bei seinem Ritt dem Christuskind entgegen wurde der vierte König immer wieder von Menschen aufgehalten, die in Not waren. Da war ein blinder Bettler, dort ein Fischer, dem der Sturm das Boot zerstört hatte, im Gebirge traf er auf eine Gruppe Aussätziger, die ihn baten, Brot und Lebensmittel zu kaufen, unter den Stadttoren saßen viele Lahme und Krüppel, die ihn anbettelten. Und jedesmal wurde sein Herz so von Mitleid gerührt, daß er den Menschen von den Schätzen gab, die er eigentlich dem kleinen König hatte mitbringen wollen. So schmolzen seine Vorräte zusammen, und schließlich hatte er nur noch die Leinwand und sein Pferd.

Oft wunderte er sich, warum er sein eigentliches Ziel nicht erreichte. Aber er sah jede Nacht den Stern über sich, und seltsam, oft führte ihn der Stern gerade zu den Armen, die seine Hilfe brauchten. „Ich muß dem neuen König von der Not der Menschen erzählen", nahm er sich vor. „Dann wird er auch verstehen, warum ich ohne Geschenke zu ihm komme."

Er war nun selbst so arm geworden, daß er nicht einmal mehr im Gasthaus übernachten konnte. So suchte er sich eines Abends wieder einmal eine Unterkunft in einer Scheune, die am Rand eines kleinen Dorfes stand. Als er die Tür öffnete, fand er in einer Ecke eine Mutter, die ihr kleines Kind in ihren Umhang gewickelt hatte und weinte. „Ich habe keine Windeln und kein Tuch, in das ich mein Kindlein hüllen könnte", schluchzte sie. Da schenkte der vierte König ihr die kostbare Leinwand, die eigentlich für den kleinen König bestimmt gewesen war.

Nun hatte er nur noch sein Pferd. In einem Dorf beobachtete er, wie römische Soldaten einem Fuhrmann sein Pferd aus dem Stall holten. Der Mann schimpfte und schrie, aber die Soldaten hörten nicht auf ihn, stießen ihn beiseite und nahmen das Pferd mit. Verzweifelt schaute der Fuhrmann ihnen nach. „Es war mein einziges Pferd", klagte er, „wie soll ich jetzt meiner Arbeit nachgehen? Wie soll ich meine Familie ernähren?" Da stieg der vierte König von seinem Pferd und gab es dem Fuhrmann. „Ich kann mein Ziel auch zu Fuß erreichen", dachte er.

Der Stern führte ihn zum Meer. Am Strand setzte er sich auf einen Stein, um auszuruhen. Da beobachtete er, wie Stadtknechte gerade einen Mann fortschleppten. Er sollte als Ruderer auf eine Galeere gebracht werden. Seine Frau und ein paar kleine Kinder liefen weinend hinter ihm her. „Er konnte seine Schulden nicht mehr bezahlen", erzählte jemand dem vierten König, „nun wurde er auf die Geleere verkauft. Sein restliches Leben wird er als Ruderer auf dem Schiff verbringen." Voll Mitleid lief der vierte König zu den Stadtknechten und rief: „Nehmt mich mit! Laßt den Mann dafür frei!" Als die Stadtknechte sahen, daß es ihm ernst war, und daß er jung und stark war, nahmen sie ihn fest. Nun wurde der vierte König – keiner wußte mehr, daß er ein König war – an die Ruderbank gekettet und mußte bei Tag und Nacht, bei Hitze und Sturm rudern.

So vergingen viele Jahre. Manchmal sah er nachts den Stern, der ihm eigentlich den Weg zu dem neuen König hatte zeigen sollen. Da wurde er traurig, weil er sein eigentliches Ziel nicht erreicht hatte. Manchmal wurde er auch zornig, weil er sein Königreich verlassen hatte und dem Stern gefolgt war. Er hatte so sicher an den kleinen König geglaubt. Wenn das nun alles nicht gestimmt hatte? Aber dann fielen ihm auch die vielen Menschen ein, zu denen der Stern ihn geführt und denen er geholfen hatte. Hatte das alles nicht seinen Sinn gehabt?

Nach über 30 Jahren auf der Galeere war der vierte König so alt und schwach, daß er nicht mehr zur Arbeit taugte. Man ließ ihn in der Stadt, von der aus er damals weggefahren war, an Land. Seine Beine waren so steif, daß er fast nicht mehr gehen konnte. Aber in der Nacht sah er den Stern wieder ganz nah und deutlich vor sich. „Sollte ich den neuen König nach so langer Zeit doch noch finden?" fragte er sich und ging langsam und stolpernd, aber wieder voller Erwartung dem Stern nach. So erreichte er die Stadt Jerusalem. Viele Menschen waren auf den Straßen und drängten zur Stadt hinaus, einem Hügel zu. Er ließ sich mitschieben und gewahrte, daß auf dem Hügel drei Kreuze standen. Und plötzlich durchfuhr ihn wie ein Blitz die Gewißheit, daß der Mann mit der Dornenkrone, der an dem mittleren Kreuz hing, sein gesuchter König war.

„Ich war so lange zu dir unterwegs", flüsterte der vierte König, „nun komme ich zu spät." – „Du warst immer schon bei mir, wenn du den Menschen Gutes getan hast," antwortete der König am Kreuz. „Aber am nächsten warst du mir in all den Jahren auf der Galeere. Da warst du von allen verlassen, so wie ich es jetzt bin. Ich aber war dir nahe."

„Ich habe dir nichts mehr zu schenken", stammelte der vierte König und dachte an seine Perlen und Edelsteine und die feine Leinwand. „Alles hast du mir doch schon längst gegeben", antwortete der König vom Kreuz und blickte ihn liebevoll an. Da wurde der vierte König von so großer Freude erfüllt, daß sein Herz es nicht mehr aushalten konnte und zum letztenmal schlug.

Die Kinder schwiegen lange. Vorsichtig nahm Anne den König in die Hand. „Versteht ihr jetzt, warum ich diesen König so gern geschnitzt habe?" fragte Severin. Die Kinder nickten. „Ja, es ist nicht so ganz einfach, den neuen König, Christus, zu finden", sagte der Schnitzer schließlich. „Weil da so viele Umwege sind", meinte Katrin, „Umwege über die Menschen." – „Man findet ihn im Nächsten, aber eben doch nicht ganz", bemerkte Niko. „Du hast recht", antwortete der Schnitzer, „zwischen uns Menschen fehlt immer etwas, da gibt es viele Enttäuschungen: Der andere dankt nicht, er merkt vielleicht gar nicht, was ich alles für ihn tue. Oder ich kann ihn nicht so gern haben, wie er es erwartet und eigentlich bräuchte."

Anne seufzte: „Ein Mensch ist eben nie Jesus selbst." – „In den Menschen Jesus sehen, das müssen wir immer wieder neu versuchen", sagte der Schnitzer. „Mir gefällt bei dem vierten König, daß er nicht aufgegeben hat", rief Stefan. „Dazu hat der Stern ihn auch ermutigt", meinte Anne, „der hat ihn doch immer wieder dran erinnert, daß er auf dem Weg zum neuen König ist."

„Ja, wir sind ein Leben lang auf dem Weg zu ihm", sagte Severin Brückenschlag, „ich, so alt wie ich bin, und ihr auch. Wir bekommen auch seine Hilfe dabei, ihr werdet es nach der Erstkommunion schon merken."

Er schaute die Figur noch einmal lange an. „Wenn wir es im Leben nur ein wenig so machen könnten wie der vierte König, dann würden wir Christus wohl finden."

Im 14. Kapitel machen sich die Kinder Gedanken über eine Hausaufgabe

Nach den Weihnachtsferien gingen die Kinder wieder ganz gern zur Schule. Man traf wieder mehr andere Kinder, es gab so vieles zu erzählen.

In der ersten Religionsstunde sagte der Pfarrer: „Ich habe einen guten Freund, der nun schon viele Jahre in Brasilien lebt. Er hat mir zu Weihnachten einen langen Brief geschrieben. Er berichtet darin, was er alles arbeitet, aber auch von den Menschen, mit denen er zusammenkommt, und wie er dort lebt. Ich habe meinen Freund schon lange nicht mehr gesehen. Aber wenn ich den Brief lese, sehe ich ihn richtig vor mir. Ich höre ihn sprechen, er ist mir ganz nahe. – Mit Jesus ist es ähnlich. Es sind zwar keine Briefe, aber in der Bibel wird so viel über ihn erzählt, daß wir ihn uns gut vorstellen können."

Sie blätterten miteinander in der Schulbibel, und der Pfarrer gab ihnen als Aufgabe, sich eine Jesusgeschichte auszusuchen, die ihnen besonders gefiele, und sich einen wichtigen Satz daraus zu merken.

Am Nachmittag nahm sich Katrin die Bibel vor. Sie schlug das Bild auf, welches das Schiff im Sturm auf dem See zeigte. Jesus stand aufrecht darin. Sie wußte, daß er zu seinen Jüngern sagte: „Warum habt ihr solche Angst?"

Ach, sie hätte auch große Angst gehabt in dem Boot, bei diesem Sturm! Was Angst war, wußte sie sehr gut. Bei jedem Gewitter zitterte sie, vor Hunden, vor großen Jungen, im

Turnen, überall überfiel sie so oft eine schreckliche Furcht. Aber wenn Jesus, der mit dem Sturm fertig wurde, ihr Freund sein wollte, durfte sie sich dann noch fürchten? „Warum habt ihr solche Angst?“ Sagte er das nicht auch zu ihr? Plötzlich fiel ihr ein, daß sie viel weniger Angst hatte, wenn Anne neben ihr ging. Jesus war doch immer bei ihr. Brauchte sie dann noch so große Angst zu haben?

Katrin strich sich diesen Satz in der Bibel an. Ihn wollte sie sich merken.

Anne hatte die Zwillinge aus dem Zimmer geschoben und den Schlüssel umgedreht. „Ich brauche jetzt wirklich Ruhe“, hatte sie gerufen. Immer hing ihr eines von beiden am Bein. Das war manchmal zum Verzweifeln. Sie blätterte in der Bibel, da kam die Geschichte, wie Jesus die Kinder segnete. „Und er nahm die Kinder in seine Arme, dann legte er ihnen die Hände auf und segnete sie.“ – „Ob er mich auch noch in die Arme genommen hätte?“ fragte sich Anne, „oder immer nur die Kleinen?“ Sie schloß die Augen und stellte sich vor, wie das sein könnte. Jesus nahm sie in den Arm, sie spürte seine Hand auf ihrem Kopf, sie durfte auch einmal klein sein, brauchte nichts zu tun als sich von ihm segnen lassen. Da klopften Paul-Ina schon wieder an ihre Tür. „Das ist mein Satz“, wußte Anne und legte einen Zettel in die Bibel.

Niko kam nicht dazu, in der Bibel nachzulesen. Seine Mutter hatte Grippe, und er mußte dauernd etwas tun. Sie rief ihm vom Bett aus zu, was er erledigen sollte: einkaufen, kochen, Blumen gießen, in die Apotheke laufen. Er merkte jetzt erst, wieviel Mama neben ihrem Beruf her noch tat. Aber es war auch schön, daß sie ein paar Tage zu Hause war. Erst abends im Bett erinnerte er sich an seine Religionsaufgabe. In der Bibel wollte er nicht mehr nachsehen, vielleicht fiel ihm auch so etwas ein. Jesus sprach zu den Menschen, er heilte sie, aber hieß es nicht auch oft: „Er blickte ihn an?" Auf jeden Fall hatte Jesus das getan. Niko hätte Jesus auch gern einmal in die Augen geblickt. Freunde schauen sich an und merken dann, was mit dem andern los ist. Er sah Stefan immer schon an, ob er gute oder schlechte Laune hatte. Er sah auch, ob Mama traurig war, auch wenn sie sich bemühte, ein fröhliches Gesicht zu machen. Wieviel wußte dann erst Jesus von den Menschen, einfach dadurch, daß er sie anblickte! Auch von ihm! „Jesus blickte ihn an", das war sein Satz, und wenn der Pfarrer fragen würde, wo er ihn in der Bibel gefunden habe, würde er sagen: „An verschiedenen Stellen".

Auch Stefan fiel erst abends im Bett die Hausaufgabe ein. Er holte die Bibel und schlug sie ziemlich weit vorne auf. „Die allerersten Geschichten nehme ich nicht, die nehmen schon die anderen", dachte er. „Die Berufung der Jünger" stand da als Überschrift, und das Bild zeigte, wie Petrus und Andreas ihre Boote am See verließen und Jesus nachfolgten. Stefan las die Geschichte. Die beiden hatten in ihrem Boot gearbeitet, und Jesus rief einfach: „Kommt, folgt mir nach!" Und sie ließen alles liegen und gingen mit ihm. „Allerhand", dachte Stefan, „ob ich das gekonnt hätte?" Es mußte schon etwas Besonderes an diesem Jesus gewesen sein, denn Fischer war doch ein schöner Beruf. „Die waren ja auch nicht getauft", kam es ihm plötzlich in den Sinn. Aber sie glaubten Jesus und gingen mit ihm. So, wie er es ja auch vorhatte. Mit ihm gehen und zu ihm gehören – das wollte er auch. „Komm, folge mir nach", das sagte Jesus also auch zu ihm. Stefan unterstrich diesen Satz mit rotem Filzstift.

Auf dem Turm wird ein Fest gefeiert. Wenn ihr dabei sein wollt, lest das 15. Kapitel

„Meine Mutter käme auch gern einmal auf den Turm“, sagte Niko eines Tages zum Schnitzer. „Meine auch“, rief Anne. „Könnten wir nicht einmal unsere Eltern mitbringen?“ – „Ich weiß nicht, ob es ihnen bei mir gefällt“, antwortete Severin, „ich habe noch nie so viele Leute hier oben gehabt.“ Aber wenn die Eltern überhaupt wollten, könnten sie gern alle am Samstagnachmittag kommen. „Ich räume auf jeden Fall meine Werkstatt auf“, sagte er. „Und wir bringen etwas zum Essen mit, das wird ein richtiges Fest“, freuten sich die Kinder. Auch die Eltern wollten gern kommen, das heißt, Katrins Eltern hatten keine Zeit, aber die Oma versprach, mitzukommen. „Wenn ich es den Turm hinauf schaffe!“

Stefans Eltern wollten für die Getränke sorgen. Annes Mutter backte mit den Kindern viele Nußhörnchen. Nikos Mutter stiftete Servietten und Pappgeschirr, und Katrins Oma brachte einen Blumentopf für Severin Brückenschlag mit. Dieses Mal gingen sie nicht den Feldweg entlang, sondern fuhren mit den Autos bis Apfeldorf und stellten sie nahe beim Steg ab. In Körben und Taschen schleppten sie alles zum Turm. Stefans Vater führte die Oma über den Steg, und Annes Eltern trugen die Zwillinge hinüber. „Mein Gott, ist das abenteuerlich“, lachte die Oma immer wieder. Katrin machte es inzwischen gar nichts mehr aus, über den Steg zu gehen. Die Erwachsenen hatten einige Mühe, bis sie den Hügel hinaufgeklettert waren.

Der Schnitzer hatte schon das Seil heruntergelassen, und einen großen Teil der Körbe und Taschen zog er hinauf. „Seltsam", sagte Stefans Mutter, „der Turm ist doch gar nicht weit von unserem Ort entfernt, und wir haben ihn noch nie beachtet." Sie staunte über die dicken Quadersteine und die Schießscharten. Nun kam Severin herunter, begrüßte alle und ging voran. Jeder bekam eine Taschenlampe in die Hand. Oma blieb auf jedem Treppenabsatz stehen und schnaufte: „Mein Gott, ist das abenteuerlich!" Die Zwillinge hatten zuerst im dunklen Turm geschrien, sich aber bald wieder beruhigt. Oben schauten sich dann alle Severins Wohnung an. Er hatte ein Tischtuch über seinen Arbeitstisch gebreitet und für die Kinder Holzklötze als Sitze aufgestellt. Die Erwachsenen durften auf der Ofenbank sitzen – nur Annes Eltern hockten sich mit auf die Holzklötze, weil der Platz nicht reichte. Alle bewunderten Severins geschnitzte Figuren im Regal, so daß er ganz verlegen wurde. Dann reichten sie das Geschirr, die Getränke und das Gebäck herum und begannen zu essen.

Der Schnitzer plauderte aus seinem Leben, Stefans Vater begann plötzlich, lustige Geschichen zu erzählen, über die auch die Kinder lachen mußten, und die Zwillinge liefen allen zwischen den Beinen herum. Alle waren so vergnügt, daß Annes Vater vorschlug: „Wir könnten eigentlich miteinander singen." Er stimmte Lieder an, die sie alle kannten. Severin stand auf, ging in seine Kammer, kramte im Schrank herum und kam mit einer Geige zurück. Er stimmte sie und begleitete ihre Lieder. Nun klang alles noch schöner. Sogar die Zwillinge summten mit. Nikos Mutter betrachtete die Hände des Schnitzers. Sie waren ganz fein und beweglich und paßten gar nicht so recht zu dem gebückten alten Mann. Sie wunderte sich nicht mehr, daß er mit diesen feinen Händen so schöne Figuren schnitzen konnte. Lange hatte die Mutter sie vorhin angeschaut: den lauschenden

Josef, den Hirten und den vierten König. Sie kannte ja die Geschichten zu diesen Figuren nicht, aber sie merkte, daß der Schnitzer mit ihnen etwas sagen wollte. Als es dämmrig wurde, zündete Severin die Petroleumlampe an. Sie saßen noch lange zusammen, erzählten und sangen. Nicht einmal die Zwillinge quengelten.

„Das war ein richtiges Fest", sagte Katrin beim Heimgehen, und alle nickten.

Nun hatten die Eltern und Katrins Oma nichts mehr dagegen, daß die Kinder den Schnitzer auf dem Turm besuchten. Oft gaben sie ihnen auch eine Kleinigkeit zum Essen für ihn mit. „Wenn ihr es ihm mitbringt, braucht er es nicht hinaufzutragen."

Im 16. Kapitel erzählt Severin die Geschichte von Simon von Cyrene

Als sie wieder einmal kamen, schnitzte Severin eine Figurengruppe. Die Kinder mußten erst einmal näher hinsehen. Da war Jesus, der das Kreuz trug. Er hatte die Dornenkrone auf dem Kopf und sah erschöpft aus. Aber er blickte sich um. Hinter ihm ging ein Mann, der ihm half, das Kreuz zu tragen. Jesus blickte dem Mann genau in die Augen. „Hat jemand Jesus beim Kreuztragen geholfen?“ fragte Stefan. „Ja, ich glaube, er hieß Simon“, antwortete Anne.

„Sicher wissen Sie zu dieser Figur auch eine Geschichte“, sagte Niko. Erwartungsvoll setzten sie sich auf die Ofenbank. „In der Bibel steht nur, daß Simon von Cyrene gezwungen wurde, Jesus das Kreuz zu tragen. Auch die Namen seiner Söhne sind genannt. Wenn ihr aber wollt, erzähle ich euch, was ich mir dazu ausgedacht habe.“

Während Severin behutsam weiterschnitzte, begann er zu erzählen.

Simon von Cyrene

Simon war ein wohlhabender Bauer und gehörte in seinem Dorf zu den angesehensten Leuten. Seine Felder waren in bester Ordnung, sein Vieh gepflegt und gut genährt, und sein Haus wirkte sauber und einladend. Simons Frau und seine beiden Söhne Alexander und Rufus halfen fleißig mit. Simon konnte mit Recht auf die Tüchtigkeit seiner Familie stolz sein.

Beim Gang auf seine Felder mußte er immer am Haus seines Nachbarn Amos vorbei. Meist saß Amos gebückt auf der Bank vor dem Haus und starrte in die Ferne. Simon ärgerte sich über Amos. Während er von früh bis spät arbeitete, regte sich dieser kaum einmal vom Platz. Seine Felder waren entsprechend verwahrlost, und einen großen Teil seines Viehs hatte Amos schon verkaufen müssen. Dabei war er gar nicht viel älter als Simon, aber sein Gesicht war düster und voller Falten. „Er wird mit seinem Kummer nicht fertig", sagte Simons Frau. „Ach was", entgegnete Simon, „er soll sich zusammennehmen." Er hatte keinerlei Verständnis dafür, daß Amos fast nichts mehr arbeitete. Dabei war er ein guter Bauer gewesen bis zum Tag, an dem sein Sohn ihm davongelaufen war. Seither saß Amos meist bedrückt auf der Bank, blickte vor sich hin oder schaute über die Hügel, als ob er nach jemandem Ausschau hielte. Nein, Simon hatte kein Verständnis für Amos. Er wurde jedesmal zornig, wenn er ihn so untätig dasitzen sah. Oft rief er ihm einen Spott zu, aber auch darauf reagierte Amos nicht. Simons Frau allerdings hatte Mitleid mit ihm. „Sieht er nicht aus, als trüge er eine unsichtbare, schwere Last auf dem Rücken?" fragte sie.

Der Rückweg von seinen Feldern führte Simon nahe bei der Stadt Jerusalem vorbei. Gern blickte er auf die Mauern und Tore der Stadt, auf die Zinnen des Tempels und die hohen, schönen Gebäude. Als er an diesem Tag in der Nähe des Stadttores war, kam ihm eine gröhlende Menschenmenge entgegen. „Da führen sie wieder einen Verbrecher nach Golgota zur Hinrichtung", dachte Simon und blieb neugierig stehen. Soldaten zerrten und trieben mit lautem Geschrei drei Männer voran, die schwere Kreuze trugen. Die Leute spotteten und schrien, einige nahmen Steine und warfen sie nach den Verbrechern.

Simon sah sich die drei Männer an. Solche wie die ersten beiden hatte er schon oft hier auf dem Weg zur Richtstätte vorbeikommen sehen. Aber der dritte war ganz anders. Er wirkte viel feiner als die beiden anderen und schien auch viel mehr Mühe zu haben, das schwere Kreuz zu tragen. Was er wohl verbrochen hatte? Simon wollte ihn sich näher ansehen und trat an den Straßenrand. Da fiel Jesus, und das Kreuz drückte so schwer auf ihn, daß er sich nicht mehr erheben konnte. Die Soldaten fluchten, stemmten das Kreuz hoch und rissen Jesus an den Stricken wieder in die Höhe. Er war totenbleich, von Blut und Staub entstellt und taumelte. „Den bringen wir nicht mehr lebend nach Golgota", rief ein Soldat, schaute sich suchend um und sah Simon am Straßenrand stehen. Sogleich packte er ihn am Arm und schrie: „Trag du das Kreuz!" Simon wehrte sich. Das Kreuz eines Verbrechers tragen? Niemals! Simon wollte sich aus dem Griff des Soldaten befreien und davonlaufen. Aber da hatte ihn schon ein zweiter Soldat gepackt. Er drohte ihm mit dem Knüppel und brüllte ihn an. Als Simon merkte, daß es aussichtslos war, sich zu wehren, lud er sich das Kreuz auf. Einige Umstehende lachten, andere traten erschrocken zurück. Simon bebte vor Wut. Er, der geachtete, stolze Bauer mußte einem Verbrecher das Kreuz tragen! Er mußte in diesem Zug mitgehen, als wäre er selbst ein Verbrecher! Für diesen Kerl da trug er das Kreuz! Simon schaute Jesus böse an. Aber da schaute Jesus ihn an. Und in seinem Blick lag so viel Güte und Dankbarkeit, daß Simon sich schämte. Dieser Mensch konnte kein Verbrecher sein!

Mein Gott, war das Kreuz schwer! Fast drückte es ihn, den kräftigen, gesunden Simon zu Boden. Wie schwer war es dann erst für den zerschundenen, verwundeten Jesus gewesen! Auf einmal war Simon froh, daß er Jesus helfen konnte, daß er ihm diesen Dienst leisten konnte. „Ich trage sein Kreuz", dachte er immer wieder. Als sie endlich oben angelangt waren, und die Soldaten Simon das Kreuz abnahmen, blickte Jesus ihn noch einmal an. Und diesen Blick konnte Simon sein Leben lang nicht mehr vergessen.

Auf dem Heimweg kam Simon wieder am Haus seines Nachbarn Amos vorbei. Wie immer saß dieser traurig auf der Bank und starrte vor sich hin. Simon blieb bei ihm stehen, und Amos blickte zu ihm auf. Da erinnerten ihn plötzlich die Augen des Amos an die Augen Jesu. Zum erstenmal empfand er Mitleid mit ihm, setzte sich neben ihn und sagte freundlich: „Erzähl mir doch, was dich so bedrückt.“ Und Amos sprach von seinem Sohn, der weggelaufen war, weil er unbedingt die Weltstadt Rom sehen wollte. Ja, er hatte viel Geld mitgenommen, das Geld, das Amos ihm eigentlich hatte vererben wollen. Aber das war nicht das Schlimmste. Der Sohn hatte gesagt, daß er nicht mehr zurückkommen wolle, daß er den Hof und die Felder gar nicht haben wolle. Und Amos sah nun keinen Sinn mehr darin, zu arbeiten und alles in Ordnung zu halten. „Für wen denn?“ fragte er bitter. Vieles war für einen Mann allein auch einfach zu schwer. Und so saß er da und grübelte und hatte Sehnsucht nach seinem Sohn.

Plötzlich sah Simon nicht mehr den gebeugten Amos neben sich sitzen, sondern Jesus, und er trug ein Kreuz auf der Schulter, das ihn fast erdrückte. „Ich muß ihm helfen, sein Kreuz zu tragen“, durchfuhr es Simon. Und er versprach Amos, daß er ihm helfen würde. Gemeinsam wollten sie den Hof und die Felder wieder in Ordnung bringen. Er würde auch seine Söhne mitbringen. Als Amos ihm dankte, sah Simon in seinen Augen den Blick aufleuchten, den Jesus ihm geschenkt hatte, nachdem er ihm das Kreuz getragen hatte.

Simon hielt Wort. Es war hart, neben der eigenen Arbeit auch noch die des Amos zu verrichten. Aber je eifriger Simon und seine Söhne mithalfen, desto besser konnte Amos selbst wieder arbeiten. Das Zusammensein mit Alexander und Rufus tröstete ihn so, daß er nicht mehr so oft an seinen verlorenen Sohn denken mußte.

Aber auch als Amos wieder ein guter Bauer geworden war, kam Simon nicht zur Ruhe. Immer wieder entdeckte er in seiner Umgebung Menschen, denen er das Kreuz tragen helfen wollte, ja fast mußte, weil sie sich plötzlich für ihn in Jesus verwandelten.

Die Leute im Dorf merkten die Veränderung bald. „Der stolze Simon", sagten sie staunend, „was ist nur an jenem Freitag mit ihm geschehen!" Und sie gaben ihm den Beinamen „der Kreuzträger".

„Die Geschichte paßt eigentlich gut jetzt in die Fastenzeit", meinte Katrin, „wir waren auch schon mit dem Pfarrer in der Kirche und haben den Kreuzweg angeschaut."

„Ich glaube, sie paßt das ganze Jahr über", erwiderte Severin, „denn Kreuzträger müssen wir immer sein, wo man uns braucht."

„Mich erinnert die Geschichte an die vom vierten König", sagte Niko, „ich glaube, die beiden gehören zusammen."

„Da hast du recht", antwortete der Schnitzer, „beide haben im Mitmenschen Jesus gesucht und auch gefunden."

Andern das Kreuz tragen helfen, dachte Niko, und ihm fiel ein, daß Mama gestern abend im Bett so sehr geweint hatte. Er hatte es durch die Wand hindurch gehört. Er wußte schon, daß es wegen Papa war. Gestern vor zehn Jahren hatten sie geheiratet. Mama das Kreuz tragen helfen, das war ganz schön schwer.

Er hörte kaum, daß Severin Brückenschlag sagte: „Zur Freundschaft mit Jesus gehört auch das."

Der Weiße Sonntag rückt näher. Wie sich die vier Freunde darauf vorbereiten, erfahrt ihr im 17. Kapitel

Nun kam der Weiße Sonntag immer näher. „Nur noch vier Wochen", freute sich Katrin. Einmal hatten die Kinder mit dem Pfarrer zusammen Brot gebacken. Das war ein lustiger Nachmittag gewesen. Sie hatten sich in der Küche des Gemeindehauses getroffen, Teig geknetet und gespannt gewartet, bis das Brot gebacken war. Dann hatten sie es gegessen, ohne Aufstrich, und dabei gemerkt, wie gut es schmeckt. „Wir brauchen Brot zum Leben", hatte der Pfarrer gesagt, „und wir können es immer essen. Es ist doch schön, daß Jesus gerade in dieser alltäglichen Nahrung bei uns sein will."

Zum Schluß hatten sie gebetet: „Unser tägliches Brot gib uns heute". Dabei dachten sie nicht nur an das Brot, das sie gebacken hatten, sondern sie freuten sich darauf, daß Jesus bald im Brot zu ihnen kommen würde.

Sie hatten über das letzte Abendmahl gesprochen und immer wieder miteinander die heilige Messe gefeiert. „Dort ist euch Jesus besonders nahe", hatte der Pfarrer wieder gesagt, „in seinem Wort, das wir hören, und in Brot und Wein. Bald könnt ihr die Messe richtig mitfeiern und seine Nähe spüren."

Ja, das Fest kam immer näher. Einmal in der Woche trafen sich die Kinder aus der Schäferstraße bei Annes Mutter. Sie besprachen Dinge, die mit der Erstkommunion zusammenhingen, malten und bastelten. Dieses Mal durften sie ihre Kommunionkerzen verzieren. Sie formten aus buntem Wachs einen

Weinstock, an dem Trauben hingen, und befestigten ihn auf der Kerze. „Wir gehören zu Jesus wie die Zweige an den Weinstock", erklärte die Mutter. „Wenn wir zu ihm gehören, können wir Früchte bringen, wie der Weinstock die Trauben." Sie überlegten, was ihre Früchte sein könnten: Freundlichkeit und Hilfsbereitschaft, Ehrlichkeit und Vertrauen. „Ich glaube, wenn ihr mit Jesus verbunden seid wie die Traube mit dem Weinstock, dann lernt ihr, mit dem Herzen zu hören." Die Kinder schauten sie verwundert an. „Dann spürt ihr, ob jemand traurig ist oder Kummer hat, dann vergeßt ihr, immer nur an euch zu denken, sondern nehmt den anderen ganz wichtig."

„Ich gehöre ja noch gar nicht richtig zu Jesus", sagte Stefan kleinlaut und klebte seine Traube auf seine Kerze.

„Aber du wirst doch bald getauft", tröstete Anne ihn, „dann kannst du deine Taufkerze gleich als Kommunionkerze nehmen." – „Eigentlich hat es der Stefan besonders gut", meinte Niko, „er erlebt bei der Taufe, daß Gott ihn als sein Kind annimmt und bald darauf bei der Erstkommunion, daß Jesus sein Freund wird."

„Dürfen wir denn auch zu deiner Taufe kommen?" fragte Katrin.

„Ich soll in der Osternacht getauft werden, wenn ihr wollt, könnt ihr gern kommen."

Auch zu Hause wurde nun viel über den Erstkommuniontag geredet. Die Oma ging mit Katrin in die Stadt und kaufte ihr ein langes Kleid. Wie eine Prinzessin sah sie darin aus. Daheim mußte sie es noch öfters anziehen und probieren, ob sie damit die Treppe hinaufgehen konnte, ohne zu stolpern. Anne war ein wenig neidisch, als sie Katrins Kleid sah. Die Mutter hatte ihr ein hübsches Kleid genäht, und bisher war sie auch ganz zufrieden damit gewesen. Aber als sie nun die Spitzen und Rüschen an Katrins Kleid sah, gefiel ihr das eigene gar nicht mehr. „Ich will nicht, daß du während des ganzen Gottesdienstes an dein Kleid denkst", sagte die Mutter. „Wenn du immer aufpassen mußt, daß du nirgends hängen bleibst oder auf den Saum trittst, hast du ja gar keine Ruhe für das, was eigentlich wichtig ist." Sie nahm Anne in den Arm. „Und ich habe das Kleid so gern für dich genäht."

Am Abend überlegten sie mit Papa zusammen, wen sie alles zum Fest einladen wollten. Oma und Opa, die Paten, Onkel und Tante mit ihren Kindern. „Zu Stefan kommen 40 Leute", erzählte Anne, „sie machen alles im Waldhotel." – „Ich hätte euch gern hier", sagte Mama. „Du darfst dir dein Lieblingsessen wünschen, wir bereiten alles gut vor, dann ist es bei uns daheim doch am gemütlichsten."

Niko wartete wieder täglich auf Post von seinem Vater. Ob er nun am Weißen Sonntag kam? Niko wünschte es sich so sehr. Sein Weihnachtsgeschenk mit den frankierten Briefumschlägen hatte nichts genützt. Papa hatte bisher noch nie geschrieben. Niko hatte in letzter Zeit immer wieder einmal gelesen, der Erstkommuniontag sei der wichtigste oder schönste Tag im Leben. Er glaubte es nicht ganz, denn der Pfarrer sagte immer, dieser Tag sei ein Anfang. Aber wichtig war er schon, und da gehörte Papa doch dazu. „Sollen wir Papa nicht einladen?" hatte er einmal zu Mama gesagt. „Der kommt doch nicht", hatte sie geantwortet.

Warum muß Severin die rote Fahne heraushängen?
Ihr lest es im 18. Kapitel

Es war Ende März. Eine Woche lang hatte es geregnet, doch jetzt schien es endlich Frühling zu werden. Die Kinder machten sich eines Nachmittags auf den Weg zum Turm. Schon auf dem Feldweg wunderten sie sich, wieviel Wasser der Schneckenbach hatte, und als sie zum Steg kamen, waren dort die Wiesen überschwemmt. Um zum Steg zu kommen, mußte man durchs Wasser waten. Die Kinder zögerten. Plötzlich rief Stefan: „Severin hat die rote Fahne rausgehängt!" – „Dann ist ihm etwas passiert, oder es geht ihm schlecht", sagte Anne aufgeregt und wollte gleich durchs Wasser auf den Steg laufen. „Halt", rief Niko, „wir haben doch keinen Schlüssel!" Gemeinsam liefen sie zu dem Bauernhaus in der Nähe. Die alte Bäuerin kannte sie nun schon. „Was ist mit Severin?" fragten sie, „aus dem Turmfenster hängt die rote Fahne." Die Frau hatte es noch nicht bemerkt. „Er hängt sie selten heraus, dann ist schon etwas Schlimmes", sagte sie. „Aber meine Kinder sind heute in der Stadt und kommen erst spät zurück. Ich kann nicht mehr auf den Turm und nach ihm sehen."

Sie war froh, als die Kinder sich anboten, nach ihm zu sehen, und gab ihnen den Turmschlüssel. „Kommt nur zu mir, wenn ihr etwas für ihn braucht, und gebt acht, daß ihr nicht ins Wasser fallt, der Bach hat Hochwasser."

Es war nicht ganz einfach, durch das Wasser zum Steg zu kommen. Zum Glück hatten sie Gummistiefel an und war

Katrin heute nicht dabei. Der Steg war glitschig, und sie mußten sich mit beiden Händen am Geländer festhalten. Unter der Brücke schoß das braune Wasser mit großer Geschwindigkeit vorbei. Losgerissene Äste trieben mit. Anne konnte nicht ins Wasser schauen, sonst wurde ihr schwindelig. „Hoffentlich reißt das Wasser den Steg nicht fort", schrie Stefan, als sie in der Mitte waren. Der Steg schwankte unter ihren Füßen. Auf der anderen Seite mußten sie wieder durch Wasser waten, und dann ging es den vom Regen aufgeweichten Hügel hinauf zum Turm. Sie kannten sich dort schon so gut aus, daß sie die Treppen ohne Taschenlampe hinaufsteigen konnten. Oben riefen sie: „Severin, wir sind's!" – Aber Küche und Werkstatt waren leer. Er kam ihnen nicht entgegen. So öffneten sie vorsichtig die Kammertür. Da lag Severin Brückenschlag im Bett und stöhnte. „Bin ich froh, daß ihr kommt", sagte er, „ich kann mich nicht mehr regen." Er versuchte, sich aufzusetzen, sank aber gleich wieder zurück. „Ist was passiert? Was haben Sie denn?" fragte Niko. „Einen ganz schlimmen Hexenschuß", antwortete er. „Als ich gestern Holz und Wasser herauftrug, ist es mir in den Rücken gefahren. Ich konnte nur noch die Fahne hinaushängen und mich ins Bett legen."

Im Zimmer war es kalt. „Ich glaube, wir sollten heizen", meinte Niko und machte sich mit Stefan daran, den Ofen zu säubern und neu einzuräumen. „Sie haben sicher Hunger?" fragte Anne. „Ja, und Durst", sagte er. Die Jungen, die inzwischen gelernt hatten, Feuer zu machen, heizten auch den Küchenherd, und Anne stellte Wasser auf. Sie suchte im Vorratsschrank und fand Teebeutel und ein Suppenpäckchen. Sie war ganz stolz, daß sie für den Schnitzer kochen konnte. Die Jungen füllten das Holz auf und holten Wasser, weil sie gesehen hatten, daß die Kanister fast leer waren. Mit einiger Mühe setzte sich Severin im Bett auf, um zu essen. Die Jungen stützten ihn und schoben ihm ein Kissen hinter den Rücken. „Wir sollten einen Arzt rufen", meinte Stefan, „mein Vater hatte auch einmal den Hexenschuß, er bekam Spritzen, dann wurde es bald wieder besser." Zuerst wehrte sich Severin, dann war er einverstanden. Die Kinder stellten ihm noch eine Kanne Tee auf den Nachttisch und legten Holz nach, bevor sie gingen. Severin Brückenschlag drückte ihnen fest die Hand. „Danke, daß ihr gekommen seid", sagte er, „wenn man krank ist, ist es schlimm allein zu sein."

Vorsichtig balancierten sie wieder über den Steg. Die alte Bäuerin rief gleich einen Arzt an, der versprach, so bald wie möglich zu kommen.

Am nächsten Tag begleitete Annes Mutter die Kinder zum alten Severin. Sie brachte einen Topf mit Essen, schaute auf dem Turm nach dem Rechten, sprach lange und freundlich mit dem Schnitzer, dem es nach der Spritze des Arztes schon besser ging, und lud ihn ein, doch zu ihnen zu kommen, sobald er wieder laufen könne. „Da können Sie sich auskurieren, und bei uns in der Wohnung ist es doch gleichmäßig warm." Er dankte ihr, aber es war klar, daß er die Einladung nicht annehmen würde. „Ich muß wieder arbeiten", sagte er, „es drängt mich richtig. Mir ist eine Figur eingefallen, die ich einmal gesehen habe. Die möchte ich schnitzen." Aber als die Mutter fragte, was diese Figur darstelle, antwortete er nur: „Das werden wir dann sehen, wenn sie fertig geworden ist." Mutter nahm Severins schmutzige Wäsche mit und versprach, wieder nach ihm zu sehen. „Können Sie denn Ihre Zwillinge allein lassen?" fragte er. „Anne hütet sie so lange", antwortete Mutter, und man merkte, daß sie stolz auf Anne war. „Die Bauersleute dort unten schauen schon auch nach mir", sagte er. „Aber an den Kindern habe ich noch mehr Freude. Wenn ich allein bin, fallen mir immer neue Geschichten ein, die ich ihnen erzählen möchte."

Das 19. Kapitel erzählt von einer neuen Freundschaft

In der Osternacht sollte Stefan getauft werden. Er saß mit seinen Eltern in der ersten Bank in der Kirche. Neben ihm waren Anne, Niko und Annes Vater, den er sich als Paten gewünscht hatte. Stefans Eltern schauten sich neugierig in der Kirche um. Sie waren schon seit vielen Jahren nicht mehr hier gewesen. Auf einmal wurde es in der Kirche ganz dunkel. Alle saßen schweigend da und warteten. Plötzlich erfüllte ein Lichtschein die Kirche. Die Kinder schauten sich um und sahen, daß die Osterkerze hereingetragen wurde. „Licht Christi", sang der Diakon. Wieviel Licht doch eine einzige Kerze geben konnte! Stefan stellte sich auf einmal sein Herz vor wie ein dunkles Zimmer. Nachher, bei der Taufe, würde es auf einmal hell werden, so wie der Kirchenraum jetzt durch die vielen Kerzen, die entzündet wurden. Er freute sich. Endlich würde er richtig dazu gehören, richtig zu Gott und Jesus, aber auch zu den anderen Menschen, die hier in der Kirche waren. Der Gottesdienst hatte schon angefangen, aber es dauerte einige Zeit, bis die Tauffeier begann. Stefan, seine Eltern und der Pate traten zum Taufbecken mit dem neu geweihten Taufwasser. Der Pfarrer fragte Stefan: „Glaubst du an Gott, den Vater, an Jesus Christus, seinen Sohn und an den Heiligen Geist?" – „Ich glaube", antwortete Stefan und schaute in das Licht der Osterkerze.

Dann wurde ihm das Wasser über den Kopf gegossen, und der Pfarrer sagte dazu: „Stefan, ich taufe dich im Namen des Vaters und des Sohnes und des Heiligen Geistes." Stefan war auf einmal sehr froh. Die ganze Aufregung von vorhin war vergangen. Nun gehörte er dazu. Da fiel ihm auch der Bibelspruch ein, den er sich damals ausgesucht hatte: „Folge mir nach!" Der paßte ja auch heute besonders. Die Jünger hatten damals ihre Schiffe im Stich gelassen und hatten mit Jesus ein neues Leben angefangen. Das wollte er, auch wenn sich nach außen hin gar nicht so viel änderte. Er wollte die Freundschaft, die Jesus ihm anbot, wirklich annehmen.

Als er in die Bank zurückkam, drückten Niko und Anne ihm die Hand. Er sah ihnen an, daß sie sich mit ihm freuten.

In der Woche nach Ostern gingen die Kindern noch einmal zum Schnitzer. Er war wieder gesund, bewegte sich aber noch vorsichtig und war froh, wenn sie ihm das Tragen abnahmen. Draußen war es jetzt richtig Frühling. Die ersten Blätter kamen heraus, der Waldboden war mit Anemonen übersät, und die Wiesen waren richtig grün. Wilde Bienen, die in einer Maueröffnung ihren Bau hatten, flogen aus ihrem Loch.

Im Innern des Turmes war es noch kalt. Deswegen hatte Severin auch den Kachelofen geheizt, aber er hatte ein Fenster weit geöffnet und ließ die milde Luft hereinströmen.

Die Kinder hatten Severin ein paar buntbemalte Ostereier mitgebracht.

Er zeigte ihnen die Figur, an der er gerade schnitzte. Zwei Männer saßen nebeneinander. Der eine lehnte den Kopf an die Brust des anderen. Der legte ihm eine Hand auf die Schulter und faßte seine andere Hand. „Wißt ihr, wer das ist?" fragte der Schnitzer. „Zwei gute Freunde", erwiderte Niko. „Sind das nicht Jesus und Johannes?" fragte Anne, die ein Bild mit dieser Darstellung schon einmal irgendwo gesehen hatte.

„Du hast recht", sagte der alte Severin, „Johannes, den Jesus am liebsten hatte und der wohl Jesus auch am besten verstanden

hat, ruht hier an der Brust von Jesus. In der Bibel steht, daß das beim letzten Abendmahl so gewesen sei."

„Johannes war der beste Freund von Jesus", überlegte Stefan, „aber er will ja auch unser Freund sein. Es wäre schön, wenn wir ihm so nah sein dürften wie Johannes." – „Warum hat Johannes die Augen geschlossen?" fragte Katrin. „Er darf ganz ruhig sein, weil Jesus bei ihm ist. Jesus wacht, er hält seine Hand, er schützt ihn, wenn Johannes ihm nur vertraut."

Anne seufzte: „Schade, daß wir Jesus nicht richtig sehen dürfen."

„Am Sonntag, wenn ihr ihn im Brot empfangen dürft, ist er euch ähnlich nahe wie hier dem Johannes", sagte Severin. „Jetzt müssen wir das glauben, aber später, nach unserem Tod, werden wir ihn richtig sehen." Die Kinder durften die Figur in die Hand nehmen und genau betrachten.

„Ich wünsche euch sehr, daß ihr am Sonntag und dann immer wieder in eurem Leben seine Nähe spüren dürft", sagte der Schnitzer. „Ich schaue mir oft meine Figur hier an und stelle mir vor, ich sei Johannes. Dann sage ich:

Wenn ich doch so an deiner Seite ruhen dürfte, und du wachst!
Wovor müßte ich mich noch fürchten?
Wenn ich doch so meine Hand in deine Hand legen dürfte!
Wüßte ich dann nicht, was ich tun soll?
Wenn du doch so deine Hand auf meine Schultern legtest!
Könnte ich dann nicht ganz ruhig und gelassen sein?
Wenn ich doch immer dein Freund sein könnte!"

„Das ist ja ein Gebet", sagte Anne leise.

Im 20. Kapitel feiern die Kinder ihren Weißen Sonntag

Endlich war der Weiße Sonntag da.

Niko hatte die ganze Woche auf einen Brief seines Vaters gewartet. Es war nichts gekommen. Nun hoffte er, daß sein Vater wenigstens in die Kirche käme. Schön war, daß Mama und er das Fest mit Annes Familie feiern durften. Annes Mutter hatte einmal gefragt, und als sie hörte, daß Niko mit seiner Mutter den Weißen Sonntag allein verbringen würde, hatte sie sie eingeladen. „Es ist doch auch für die Kinder viel schöner, die können dann miteinander spielen, während wir Erwachsenen uns unterhalten", hatte sie gesagt, und Nikos Mutter hatte nach einigem Zögern gern eingewilligt.

Die Kinder trafen sich im Gemeindehaus. Neugierig schauten sie sich an. Manche Mädchen waren nicht wiederzuerkennen, sie hatten Locken oder andere Frisuren und sahen in den langen weißen Kleidern wie kleine Bräute aus. Aber bald kam der Pfarrer und wies sie noch einmal darauf hin, was an diesem Tag für sie wichtig war, viel wichtiger als Kleider, Besuch, gutes Essen und Geschenke: „Heute beginnt eure Freundschaft mit Jesus wieder neu. Seid ihm gute Freunde und bemüht euch, ihn immer besser kennenzulernen."

Beim Einzug in die Kirche blickte Niko sich um. Ob der Vater da war? Er war groß und hatte einen Bart. Niko war sicher, daß er ihn unter den vielen Leuten erkannt hätte. Er sah Annes, Katrins und Stefans Eltern, er sah seine Mutter und Katrins

Oma, sogar seine Lehrerin war da, aber Papa sah er nicht. „Vielleicht kommt er zu spät", tröstete er sich.

Der Gottesdienst war schön. Sie sangen und beteten und standen zum Kommunionempfang um den Altar.

Als sie nachher in der Bank saßen und still waren, fiel Anne ein, wie Jesus die Kinder in die Arme genommen und gesegnet hatte. Diese Erzählung hatte ihr besonders gut gefallen. Etwas Ähnliches war doch jetzt geschehen. Plötzlich erinnerte sie sich auch an die Geschichte vom Vierten König. Es genügte nicht, daß man sich bei Jesus wohlfühlte, man mußte ihn immer wieder suchen und ihm in den anderen dienen.

Katrin betete: „Jesus, du bist groß und stark. Du hast den Sturm gestillt und zu deinen Freunden gesagt: Warum habt ihr solche Angst? Wenn du mir jetzt so nahe bist, nimm mir die Angst." Ihr fiel plötzlich die Geschichte von Simon ein, von Simon, der dem Herrn das Kreuz getragen hatte. Ob man mit der Angst nicht am besten fertig wurde, wenn man anderen half, ihr Kreuz zu tragen?

Niko aber dachte an die Geschichte vom Hirten. „Herr, du weißt, wie es ist, wenn ein Freund einen verläßt", sagte er, denn er wußte auf einmal ganz sicher, daß Papa nicht gekommen war, auch wenn er sich nicht mehr in der Kirche umschaute. Er schloß die Augen und sah auf einmal, daß Jesus ihn sehr liebevoll anblickte. Und Niko fühlte, daß Jesus alles verstand.

Es wurde für alle ein froher Tag. Da das Wetter gut war, konnten die Kinder nachmittags draußen spielen. Sie freuten sich an ihren Geschenken und am guten Essen und waren den ganzen Tag über die wichtigsten Personen im Haus.

Abends trafen sie sich zum Dankgottesdienst in der Kirche. Von Stefans vielen Verwandten ging nur eine Tante mit. „Einmal am Tag in die Kirche gehen reicht nun wirklich", sagten die anderen. Während des Gottesdienstes waren die Kinder nicht mehr so aufmerksam. Als sie aber nachher feierlich aus der Kirche zogen, gewahrte Anne Severin Brückenschlag an der Tür. Er winkte ihr zu, sie sollten doch nachher alle vier zu ihm kommen.

Er hatte eine Plastiktüte dabei und kramte umständlich darin, dann reichte er jedem Kind ein Päckchen. „Damit ihr nicht vergeßt, was heute begonnen hat", sagte er. Stefan konnte es nicht erwarten und riß das Papier auf. Da hatte er eine kleine, geschnitzte Figur in der Hand. „Oh", staunten die Kinder, „das ist ja Jesus mit Johannes. Ihre große Figur in klein", freuten sie sich.

Auch die anderen machten ihre Päckchen auf, jeder hatte diese Figur bekommen. Sie wollten Severin danken, da war er schon weggegangen.